장자와 하이데거, 스포츠를 말하다

장자와 하이데거, 스포츠를 말하다

이학준 지음

북스힐

차 례

장자, 스포츠를 말하다

1부

하이데거, 스포츠를 말하다 101

2부

머리말

철학이라는 안경을 쓰고 스포츠를 바라보았다. 내가 쓴 안경은 다른 안경과는 다르게 비판, 성찰, 논리적 사유가 압축된 안경이었다. 안경 때문에 스포츠는 다르게 보였고 그렇게 볼 수밖에 없었다. 나에게는 이 안경뿐이었다. 기존의 안경들은 과학이라는 상표가 붙은 안경이었다. 그 안경을 쓰면 현기증이 났다. 나에게 맞지 않는 안경이었다. 그 안경은 실증주의와 객관성 그리고 보편성을 강조하는 안경이었다. 눈에 보여지는 것만을 믿고 볼 수 있었다. 하지만 내가 쓴 안경은 눈에 보여지지 않는 것까지도 볼 수 있는 안경이었다. 일종의 투시경 같은 기능을 가졌다.

철학이라는 안경은 여러 종류가 존재하지만 나는 유독 장자와 하이데거라는 안경을 선호하게 되었다. 왜 선호했는지는 모르겠지만 굳이 설명하자면 우연과 필연이라고 생각한다. 우연은 철학을 전공했기 때문이고, 필연은 나의 현재 상황을 잘 설명할 수 있고 위안을 얻을 수 있었기 때문이다. 장자라는 안경과 하이데거라는 안경은 만든 곳이 다르다. 동양적 사유에서 바라볼 수 있는 장자와 서양적 사유에서 바라볼 수 있는 하이데거라는 차이가 존재한다.

장자와 하이데거라는 안경을 쓰고 현대 스포츠를 바라보았다. 안경을 쓰지 않아서 보지 못했던 많은 부분들이 안경을 쓰면서부터 보이기 시작했다. 그 보이는 것을 사람들에게 말해 주고 싶었다. 그 말들을 주워 모은 것들이 이 책의 내용들이다. 이 내용들은 과학이라는 안경을 쓰고는 볼 수 없는 미지의 세계이다. 철학이라는 안경을 쓰지 않고서는 다가서기 어려운 세계이다.

생존하기 위한 몸부림의 시간을 빼고 시간이 있을 때마다 열심히 볼 생각이다. 그래서 새롭게 보이는 것을 또 다른 책을 통해서 말할 것이다. 이 책의 제목을 '스포츠를 말하다' 라고 붙인 이유도 여기에 있다. 보여지는 것을 말하지 않고 참기란 어려운 일이다. 앞으로 더욱 스포츠를 말할 것이다. 바람이라면, 나 자신의 안경을 쓰고 스포츠를 바라보는 것이다. 이 안경은 우리 언어로 된 우리 토양에 필요한 성분으로 만들어진 것이다. 새로운 것을 보고 싶다.

2008년 2월

이 학 준

제1부

장자, 스포츠를 말하다

장자가 살았던 춘추전국시대는 스포츠란 것이 존재하지 않았다. 오늘날의 시각에서 보면 스포츠에 해당하는 신체활동은 있었을 것이다. 하지만 장자가 '스포츠를 말하다'는 것은 과거시제가 아니라 현재시제라는 것이다. 현재의 시각에서 장자가 타임머신을 타고 현대에 올 수 있다면 그가 스포츠를 보고 무엇이라고 말했을까? 자신의 책 《장자》에서 펼친 그의 사유를 통해서 현재 상황을 대비해 본다면 어떨까? 비록 장자는 죽고 없지만 그의 사유세계가 존재하기 때문에 현대에 다시 살릴 수 있다.

장자가 '스포츠를 말하다'는 것은 스포츠를 장자사유 방식으로 바라본다는 것을 의미한다. 어떻게 보면 논리적 모순이 있을 수 있지만 철저하게 장자라는 책에서 말한 장자사유를 가지고 현대 스포츠를 바라보는 것이기 때문에 그의 사유세계에서 벗어나지 않는다. 장자의 사유의 핵심은 유(遊)이다. 잘 노는 것이 그의 철학의 핵심이다. 유는 오늘날 우리 언어로 해석하면 스포츠와 다르지 않다. 스포츠를 잘 하는 것은 잘 노는 것과 같다는 말이다. 장자와 스포츠의 만남은 우연이 아닐 수 있다. 하지만 장자가 말한 놀이를 중심으로 현대 스포츠를 본다면 현대 스포츠는 잘 놀지 못한다는 문제점이 드러난다. 이에 대하여 장자는 어떻게 말할지 상상력을 동원해 보았다.

제1장에서는 노장사상을 통해 스포츠를 바라보면서 몇 가지 깨달음(시사점)을 얻을 수 있었다. 노장사상의 도와 무위개념을 통해서 바라본 현대 스포츠문화는 비인간화와 물질주의를 지향하고 인간을 죽음의 길로 내몰고 있다는 것을 알 수 있었다. 이러한 스포츠문화 현상에 대하여 노장사상은 우리에게 무위의 스포츠반문화로 돌아가라고 말한다.

현대 스포츠는 초기에 생성된 즐거움의 추구에서 점차적으로 멀어지고 있다. 그 이유를 돈으로 상징되는 경제적 가치의 침투에서 찾을 수 있다. 이제 스포츠는 단순히 즐거움을 추구하는 그 자체의 목적을 가진 것이 아니라 어떤 것을 달성하기 위한 수단으로 전락하였다. 이것은 스포츠에서 순수애호주의를 의미하는 아마추어 정신이 몰락하고 있음을 말하는 것이다. 이는 현대 스포츠문화가 지향하는 지나친 물질주의와 승리지상주의를 배척하고 순수한 스포츠 애호주의로 돌아가야 함을 말하는 것이다. 그것이 바로 노자와 장자의 무위의 경지에서 우리가 찾을 수 있는 아주 평범한 진리이다.

'自然'은 '스스로 그러함'이라는 형용사이다. 자연은 무위의 경지를 도달한 자의 행위를 표현한 것이다. 그러니까 무위는 도의 경지에서 이루어지는 행위에 대한 표현이고 자연은 그 도의 행위의 모습을 형용한 표현이다. 현대 스포츠문화는 인간을 죽음의 길로 내몰고 있는 스포츠문화이다. 신기록과 점수를 위하여 과잉경쟁과 승리에 대한 강압으로 치닫고 있다. 심지어 금메달을 위한 승리지상주의로 인하여 도핑, 폭력 등의 비인간적인 훈련방법들이 확산되고 있다. 이와 같은 인위적인 조작보다는 연습을 통해 선수 개개인이 자연스러운 경지에 이르기 위하여 노력하는 모습, 즉 무위의 스포츠반문화에로의 변화를 시작해야 할 것이다. 이것이 노장사상이 현대 스포츠문화에 주는 교훈이다.

제2장에서는 장자의 허심(虛心) 개념을 스포츠의 자세에 적용하였다. 이를 위하여 장자라는 텍스트를 인용하고 해석하는 연구방법을 사용하였다. 장자사유의 핵심은 도(道)인데 이 도는 결국 인간의 행위[爲]에 관한 것이다. 장자의 길은 걸어가는 데서 이루어진다. 기존의 해석이 道에 무게를 두었다면 강신주 해석은 이전과는 아주 다른 '行' 개념에 주목하고 있다. 그에 의하면 道라는 것은 고정불변의 길[道]이 아니라 변형 가능한 길[道]이고, 道는 완전한 길이 아니라 타자와의 소통과 주체의 변형에서 발견되는 새로운 길이다. 이런 강신주의 해석을 바탕으로 장자의 허심 개념과 허심에 도달하는 방법인 심재(心齋)와 좌망(坐忘)에 대하여 알아보았다. 成心이 닫힌 마음과 선입견, 개인적 지식에 사로잡힌 아집이라면, 허심은 일종의 비운 마음과 텅 빈 고요한 마음이다. 장자의 허심 개념을 스포츠의 자세, 코칭의 자세, 실전의 자세로 구분하여 탐구하였다. 그 결과 이 세 가지 자세는 비움과 트임의 마음가짐과 타자와의 소통 그리고 주

체의 변형을 통하여 완성된다.

제3장에서는 기의 스포츠와 도의 스포츠에 대하여 알아보았다. 장자의 공부론(工夫論)에 의하면 공부란 것은 기의 습득과 도의 체득을 통해 완성된다고 한다. 이를 바탕으로 이 글에서 해결하고자 하였던 과제는 '체육공부란 무엇인가' 였다. 이에 대하여 알 수 있었던 사실은 체육공부는 기의 습득 혹은 도의 체득, 어느 한쪽만을 의미하지 않고 모두를 의미한다는 것이었다. 이와 같은 사실은 지금까지 우리가 해왔던 체육공부를 살펴보면 잘 알 수 있다. 우리는 단지 체육공부는 기의 습득이라고 이해하고 이를 공부하여 왔을 뿐이다. 이 같은 공부는 한마디로 말한다면 반쪽공부에 지나지 않는다. 적어도 제대로 된 진정한 체육공부는 기의 습득과 도의 체득, 이 모두에서 찾아야 할 것이다.

우리가 체육에서 찾아야 하는 것은 경쟁을 통해 승리하고, 국위선양하고 자신의 명예를 얻는 차원에서 벗어나서 모두가 함께 더불어 즐겨야 한다는 생각을 가지고 체육을 통한 사람됨을 추구하는 데서 체육공부의 목적을 찾을 수 있어야 할 것이다. 그 방향이 체육공부의 핵심이며 중심체이다. 이러한 목적을 이루기 위한 구체적인 작업 중 하나로 나는 반성적 차원에서의 글쓰기를 제안하였다.

제4장에서는 장자의 예술정신을 알아보고 이를 통하여 스포츠의 지속적 성장의 길을 찾아보았다. 장자가 추구하였던 지극한 아름다움[至美]은 영원하고 본질적이며 절대적인 미이다. 이것은 텅 빈 고요한 마음에서 얻을 수 있다. 연구방법은 '장자' 번역본과 그의 철

학에 대한 2차 문헌을 적절하게 인용하는 방법을 사용하였다. 연구 절차는 우선적으로 장자의 예술정신이라고 할 수 있는 지미지락에 대한 기본적 개념을 검토하고, 지미로서의 스포츠와 지락으로서의 스포츠에 대하여 알아보았다. 이후에 장자의 지미지락과 스포츠의 지속적 성장에 대하여 탐구하였다. 그 결과 장자의 지미지락의 예술정신은 지극한 아름다움과 지극한 즐거움 속에서 노닒이라는 것을 알 수 있었다. 잘 놀기 위해서는 심재와 좌망이란 수양공부가 필요하다. 심재와 좌망은 잊음[忘]의 공부이다. 잊음의 공부는 마음이 거울처럼 맑고 비어 있는 마음, 즉 허심의 상태에 도달하게 하는 공부이다. 이때 세상 만물이 거울처럼 반영되어 세상을 있는 그대로의 모습으로 받아들이게 되는 자유로운 놀이를 하게 된다. 지미지락으로서 스포츠가 심미경지로서의 놀이정신을 유지할 때 스포츠의 지속적 성장의 길은 가능하다.

1장

무위의 스포츠반문화

노자의 《도덕경》은 전 81장으로 되어 있는데 일반적으로 1장에서 37장까지는 상편, 38장에서 81장까지는 하편이라 한다. 그리고 그 연구 문헌만 해도 6백여 종이 넘고 영문 번역서는 50여 종에 달한다. 수천여 년에 걸쳐 수많은 인물에 의해 연구되었기는 했어도 노자는 여전히 의문부호로 남는다.[1)]

최근에 '노자와 21세기' 라는 주제로 한 김용옥의 강의는 많은 사람들로부터 관심을 끌었다. 이 같은 유행은 우리가 일차적으로 지금까지 동양철학에 대한 막연한 기대를 가지고 있었다는 것을 뜻하고 다른 하나는 무엇인가 신비한 것이 있을 것이라는 관심에서 비롯된 것 같다. 이와 같은 현상은 전문가들만의 철학이 아니라 이제는 철학이 지상으로 내려와서 보통사람들도 철학을 할 수 있다는 생각이 점차적으로 늘어나고 있음을 의미한다. 동아시아, 한자문화권 속에

1) 오진탁, 1990: 4.

살면서 우리에게 동양의 사상과 철학은 먼 나라의 이야기처럼 생각되었고 가까이 접근하기조차 쉽지 않았다. 그것은 여러 가지의 이유가 있겠지만 무엇보다도 동양철학에 대한 다음과 같은 오해 때문이다.

첫째, 동양철학은 옛 유물이다. 골동품이나 음력 같은 것이다. 나와는 별로 관계가 없다. 둘째, 동양철학은 점이다. 혹은 운명학이다. 사주, 관상, 수상, 족상, 궁합, 작명 등등이다. 나는 심심풀이로 점을 본 적이 있는데, 아주 엉터리는 아니라고 생각한다. 아마 경험과 과학이 가진 통계적 예측력이 있을 것이다. 셋째, 동양철학은 심오하다. 그러나 논리적이지 않다. 무엇인가 이치가 있는 것 같지만 과학적이고 합리적인 것은 아니다. 특별한 수행을 쌓은 사람들만이 이해할 수 있는 신비한 무엇이다. 과학이 설명하지 못하는 독특한 영역이 있는데, 그것은 과학이 더 발달하면 해명될지도 모른다.[2)]

노장사상의 핵심사상인 도와 무위 개념을 가지고 스포츠를 바라보며 얻고자 하는 바는 바로 스포츠의 나아갈 길이다. 여기서 노장사상과 스포츠는 전혀 어울리지 않을 것 같아 보인다. 그러나 만약 노자와 장자가 살아 있다면, 몇만명이 한 곳에 모여서 고함과 요란한 소리를 내면서 선수들이 뛰는 모습의 현대 스포츠를 보고 무엇이라고 말했을까? 그들과 만날 수 있는 유일한 통로(방법)는 노장사상을 통해서만 가능할 뿐이다. 이 글은 노장사상이 현대 스포츠에 주

2) 김교빈 · 이현구, 1993.

는 시사점을 읽어내는 일에 중점을 두었다. 시사점은 운동선수이든 비 운동선수이든 운동하는 모든 사람들에게 도움을 주는 것이다. 이것은 현대 스포츠의 위기와 한계에 대한 비판과 대안을 말하는 것이며 현대 스포츠의 가야할 길을 의미하기도 한다.

이 글의 목적은 노장사상을 통해서 스포츠의 가야할 길에 대하여 밝히는 것이다. 논의절차는 道와 스포츠, 無爲와 스포츠에 대하여 알아보고, 노장사상이 현대 스포츠에 주는 철학적 함의를 밝힌다. 연구방법은 노장사상을 알 수 있는 노장사상을 주 텍스트로 삼고, 노장사상에 관련된 논문, 해설서 등을 참고로 논의를 전개하였다.

도(道)와 스포츠

스포츠철학을 정의한다면 '인간의 몸의 움직임에 관해 철학적으로 탐구하는 학문' 이라고 정의할 수 있다. 그런데 몸이 움직이는 길은 길이며, 노자는 이것을 道(길)라고 했다. 그리고 이 길이 내 몸에 體得되는 것을 얻음(德)이라고 했다. 그렇다면 이러한 관점에서 노자와 스포츠 간의 대화 가능성의 실마리를 풀어갈 수 있다고 본다. 운동선수들이 지향하는 운동의 길은 바로 자연스러운 자세(폼)에서 찾을 수 있을 것이다. 자연은 운동선수들의 궁극적 표준이다. 어떻게 말할 수는 없지만 그들이 알고 있으며 가고 있는 목적지를 지칭하는 궁극적 개념이기도 하다.

노장철학이 스포츠철학에 공헌할 수 있는 면이 많다고 생각된다.

그 중에서 노장철학의 입장에서 보면 스포츠를 하는 두 가지 의미로 받아들일 수 있을 것이다. 하나는 스포츠를 하는 것이 기술을 습득하는 것이며, 다른 하나는 도의 체득이라고 볼 수 있다. 후자의 입장은 다른 말로 덕의 체득을 의미하기도 한다. 《도덕경》에서 말하는 진인, 신인의 경지는 '덕의 체득'을 통해 가능하다고 본다. 스포츠를 하는 자의 입장에서 德을 體得하려고 노력하는 것이 이상적인 스포츠의 목적이 될 수 있을 것이다. 그래서 궁극적으로 스포츠 하는 인간(Sportivus)의 완성은 진인, 성인이 아닌가 생각하게도 된다. 이러한 말은 너무나 논리적 비약이라고 들리지 모른다. 그러나 그 추구하는 '道의 경지'는 일치한다고 볼 수 있다.

그런데 지금 서양의 스포츠는 기록과 점수에 의하여 승패를 양분하고 금메달을 위한 승리지상주의로 인하여 도핑, 폭력, 비인간화된 훈련방법들이 팽배하고 있다. 이런 시대상황에서 노장철학이 스포츠에 시사하는 바가 크다고 본다. 그러므로 노자와 스포츠의 만남은 학제적 연구로 그 의의를 찾을 수 있을 것이다.

노장철학에서 핵심사상 중 하나가 自然인데 '스스로 그러하다'라는 뜻이다. 자연은 도의 본성을 형용한 것이다. 이는 내 몸이 움직이는 모습을 형용한 것으로 특히 道를 체득한 진인이 무위의 경지에서 나오는 모양을 표현하여 '자연스럽다'고 한 것이다. 가령, 마라도나 같은 축구선수는 그 기술이 거의 神人의 경지에 오른자로서 볼을 다루는 모습이 자유자재해서 '자연스럽다'고 할 수 있다. 물론 이런 '자연스런 경지'에 오르려면 엄청난 노력이 필요하다. 즉 많은 工夫

(쿵후)가 필요하다는 말이다. 내 몸의 에너지를 최소한으로 쓰면서도 가장 효율적으로 발휘할 수 있는 상태는 많은 공부를 통해 자연의 경지에 간 상태로 볼 수 있다.

스포츠에서 추구하는 이상적인 몸의 상태는 바로 자연스러운 상태로 나아가는 것이다. 자연스럽다는 것은 이상적이고 완벽한 자세에 도달하였다는 것을 의미한다. 스포츠인이 지향하는 '인간 움직임의 길' 은 바로 자연스러움에서 찾을 수 있다. 자연스러움은 타고나는 것이 아니면 수많은 반복동작과 시행착오, 그리고 반성적인 숙고를 통해 서서히 체득하는 것이다. 체득은 성숙의 단계를 의미하며, 과정이 그만큼 필요하다는 말이다. 운동을 통해 얻게 되는 기술의 탁월성을 '인간 움직임의 길' 이라고 말할 수 있다.

운동을 할 때 우리는 기술적 완벽성에 도달하려고 한다. 그것은 눈에 보이지 않지만 우리 자신의 마음속에 자리 잡은 자신만의 목표 형상을 말한다. 이것은 플라톤의 표현을 빌려 표현하자면 '이데아' 라고 할 수 있다. 이데아를 다른 말로 표현한다면, 운동선수가 수행하는 완벽한 자기실현과 기술성을 말한다. 운동선수가 끊임없이 반복적으로 연습하는 것은 도달되지 않은 '그 무엇' 인 道를 향한 끊임없는 과정이다. 우리가 무엇을 하든 길은 분명히 존재하는 것이다. 그 길은 바로 道라고 할 수 있다. 말로 표현 할 수 없지만 자신의 경험을 통하여 알 수 있는 '깨달음의 길' 이다. 운동선수들이 끊임없는 반복적 행위는 맹목적인 행위가 아니라 자신의 길을 가는 것이다. 이 길은 움직임의 원리로서 자신의 완벽한 표현, 그리고 완벽한 기술을 말하는 것이다. 《도덕경》 40장에 다음과 같은 구절이 있다.

"反者, 道之動 弱者 道之用, 天下萬物生於有, 有生於無.(그 반대로 되돌아가는 것이 길의 늘 그러한 움직임이다. 약한 것은 길의 늘 그러한 쓰임이다. 하늘 아래 만가지 것들이 있음에서 생겨났는데, 있음은 없음에서 생겨났도다."[3])

이 말은 길의 움직임의 원리를 反으로 본 것이다. 공을 앞으로 차기 위해서는 발을 일단 뒤로 빼야 하며, 세게 차려면 오히려 다리에 힘을 빼서 찬다. 그리고 이런 운동의 반복으로 에너지가 소비되었으면 다시 힘을 쓰기 위해서 쉬어야 한다. 이러한 극과 극 간의 반복운동의 항상성이 곧 모든 몸의 움직임의 원리이며 이것은 노장철학이 우주를 보는 시각이기도 하다. 이처럼 몸의 움직임의 원리를 운동의 항상성에서 찾는 다고 할 수 있다. 이 또한 스포츠철학에서 논의되어야 할 중요한 내용이다. 강과 약의 안배와 상황적인 힘의 분배적 사용은 기능을 넘어선다. 골프, 테니스, 배구 등의 많은 종목을 통해강과 약의 힘의 사용에 대해 알 수 있을 것이다.

이상과 같이 노자가 말하는 도는 모든 만물의 생성원리이며 본질을 의미한다. 도는 어떤 것에도 의존하지 않고 독자적으로 자기 존재를 성립시키면서 스스로 움직인다. 그러므로 도의 본성은 자연이다. 운동선수가 운동을 할 때 지향하는 것은 자연이다. 자연은 도의 본성이기 때문에 운동선수들은 자연스러운 자세를 찾기 위해서 시

3) 김용옥, 1989: 99.

행착오와 많은 연습시간을 갖는다. 그러한 과정을 통해서 몸의 움직임의 원리인 도의 상태에 도달할 수 있다. 운동선수의 몸의 경지를 지칭하는 것은 도의 본성을 의미하는 움직임의 자유, 즉 자연스러운 자세이다.

무위(無爲)와 스포츠

먼저 '爲' 는 무엇인가. 물론 인간의 爲[행위]이다. 사전적 의미는 '만들다', '행하다', '성취하다', '다스리다', '두다', '선택하다', '펴다', '막~하려 하다' '하게 하다' '생각하다.' 등과 같이 '하다' 와 관련된 인간 행위의 전체가 표현되어 있다. 사실 이 '爲' 에서 인간의 행위가 모두 포함되며 '爲' 는 사실 '有爲' 이다. 이러한 맥락에서 보면 有爲는 無有爲라고 다시 표현할 수 있다. 그래서 無爲는 有爲가 아니다. 有爲가 없는 것이 '無爲' 이다. 즉 無有爲이다. 그런데 '爲가 없음' 이란 결국 무엇인가. '無' 다. '無' 라는 글자 뒤에 인간의 어떤 행위를 갖다 붙여도 결국 '無' 이다. 노자는 인간의 '爲' 의 대표적인 것을 몇 가지로 압축시켰다. 즉 無知, 無思, 無心, 無慾, 無名 등이다.

노장철학의 '자연' 과 '인위' 를 인간 작위문명의 두 축으로 선택한 이 두 개념을 스포츠에 적용한다면 '인위' 적인 것은 '정석' 이라고 할 수 있고 '자연' 은 상황 속에서 전개되는 '실전' 이라 할 수 있다. 선수는 처음에 선배들이 갔던 길 '인위적인' 정석을 따라 배우며 훈련하고 그 다음 '실전' 에서는 그 상황에 따라 자연스런 동작 중에 가장 효율적이라고 여기는 것은 인위적으로 정석으로 만들고 또 다시 이 '정석' 을 깨는 새로운 자연스런 동작을 창조해낸다. 마라도나는 펠레나 크루이프가 할 수 없었던 '몸의 길' 을 창조했었기에 자신의 자연스러움을 창조해낸 것이다.

모든 인간 움직임은 인위에서 시작된다. 인위는 다른 말로 한다면 모방에 해당된다. 모방을 반복하면서 움직임의 원리를 체득하며 자연스러움을 지향하고 어느 일정한 경기에 도달하면 자연의 단계에 이른다. 스포츠의 연습과정은 고진감래의 과정이라고 말할 수 있다. 왜 많은 운동선수들이 반복적인 신체행위를 지속할 수 있는가? 그것은 바로 신체행위가 자연이라는 최고 단계에 대하여 근사적으로 실현하는 과정에 있기 때문이다.

지속적인 운동을 가능하게 하는 것은 자연이란 궁극적 행위 목표가 있기 때문이다. 자연이란 인간 움직임의 원리를 말한다. 그 끝은 단 시간 내에 도달할 수 없는 것이다. 많은 땀과 노력이 요구되는 과정이다. 또 몸의 길을 창조했다기보다는 창조적 생성을 의미하는 인간 움직임의 길에 도달했다고 보아야 한다. 자연스러운 신체행위는 모든 운동하는 사람들이 추구하는 이상적인 행위모델이다. 그 자연에 도달하려는 노력을 통하여 궁극적으로 자연에 이르게 되는 것이다. 노력이 없이 인위에서 자연으로의 수직 상승은 기대하기 어렵다. 아무리 타고난 선수라고 해도 말이다.

다른 입장에서 보면, 노장사상은 '어떻게 스포츠를 해야 하는가?' 에 대한 일종의 새로운 대답이며 제안이다. 노장사상은 현대 스포츠가 물질적 욕망과 맹목적 승리의 강요 그리고 돈의 지배에서 벗어나 골짜기에 흐르는 물과 같이 자연을 따라 가야 한다고 말한다. 이것을 요약하여 말하면 무위라고 할 수 있다. 즉 인위적이지 않은 상태로 돌아가라는 것이다. 현대 스포츠에서 인위에 해당하는 고도의 기계화된 장비, 약물 복용, 승리에 대한 맹목적 의지에서 벗어나 무위에 해당하는 즐거움, 기분 전환 등의 원초적 형태의 모습으로 변화하라고 말한다. 이 말은 기존의 스포츠문화로 대변되는 보다 빠르고, 보다 멀리, 보다 높이라는 올림픽의 모터에서 스포츠 반문화를 의미하는 무위의 경지를 지향하라고 노장은 우리에게 충고하고 있는 것이다.

무위의 스포츠반문화 지향

노장사상을 통해서 현대 스포츠에 대한 몇 가지 깨달음(시사점)을 얻을 수 있었다. 우선 노장사상의 핵심 개념은 도와 무위라고 할 수 있다. 이를 스포츠에 적용하면, 운동기술[知]은 우리가 배워서[學] 습득하는 것인바 습득하면 할수록, 배우면 배울수록 기술[知]은 불어난다. 그러나 무지가 노장사상의 도(道)이므로 무지를 따르자면 지가 없는 상태에 이르러야 한다. 그런데 단순히 지(知)가 없는 상태가 도(道)라면 우리는 아예 배우지 말아야 할 것이다. 그야말로 무식한 인간이 되라는 말인가? 배우면 매일 불어나는데 도(道)를 알면

매일 줄어든다고 했다. 그리고 줄어들고 또 줄어들어 무위(무지)에까지 이르게 된다.

노장사상의 무위의 경지에 이르기 위해서는 우리는 먼저 많은 기술[知]을 습득해야 한다. 《장자》에 나오는 백정의 소 잡는 경지에서도 그 백정은 먼저 소 잡는 기술과 지식의 모두를 극단까지 얻기 위해 노력하였다. 무위의 경지는 끊임없는 창조적 생성의 경지이며 도의 경지이다. 그러기 위해서는 유위를 먼저 성취해야 한다. 무위의 경지는 도의 경지를 말하기 때문에 유위에서 무위에로의 변화가 필요하다. 지를 버리는 행위를 통해 도의 체득의 극한까지 이르게 되는 것이다. 이를 다음과 같이 요약할 수 있다. 제1무지 → 知 → 道의 무지와 어린이(단순무지) → 어른(知) → 어린이 같은 道의 무지로 표현할 수 있다.

현대 스포츠는 초기의 즐거움의 추구에서 점차적으로 멀어지고 있다. 그 이유는 경제적 가치의 침투에서 찾을 수 있을 것이다. 스포츠를 하는 것이 단순히 즐거움을 추구하는 그 자체의 목적을 가진 것이 아니라 또 다른 목적을 위한 수단으로 전락하였다. 이것은 순수 애호주의를 의미하는 아마추어 정신이 사라지고 있다는 것을 의미한다. 그렇기 때문에 현대 스포츠에서 지나친 물질주의와 승리지상주의를 배척하고 순수한 스포츠 애호주의로 돌아가는 것이 바로 노장사상의 무위의 경지에 비유될 수 있을 것이다.

자연은 '스스로 그러함'이라는 형용사이다. 자연은 무위의 경지에 도달한 자의 행위를 표현한 것이다. 그러니까 무위는 도의 경지에 대한 표현이고 자연은 그 도의 행위의 모습을 형용한 표현이다. 현대 스포츠는 인간을 죽음의 길로 내몰고 있다고 표현해도 과하지 않다. 신기록과 승리를 위하여 과잉경쟁과 승리에 대한 강압으로 나타나고 있으며, 금메달을 위한 승리지상주의로 인하여 생겨나는 도핑, 폭력 등의 비인간적인 훈련방법들이 있다. 이와 같은 인위적인 조작보다는 연습을 통한 선수 각자가 몸과 정신을 합일하여 스스로 자연스러운 경지를 이르기 위하여 노력하는 모습, 즉 무위의 스포츠 반문화에로의 변화를 시작해야 할 것이다. 이것이 노장철학이 현대 스포츠에게 주는 교훈이다.

2장

장자의 허심과 스포츠의 자세

장자사유의 핵심은 도(道)가 아니라 행(行)이다. 장자의 길은 걸어가는 데서 이루어진다[道行之而成].[4] 기존의 해석이 道에 무게를 두었다면 강신주의 해석은 이전과는 아주 다른 行을 주목하고 있다. 그에 의하면 道라는 것은 고정불변의 길[道]이 아니라 변형 가능한 길[道]이고, 道는 완전한 길이 아니라 타자와의 소통과 주체의 변형에서 발견되는 새로운 길이다.

길은 만남을 전제한다. 길은 길과 만난다. 목적지에 도달하기 위해서는 고정된 길만이 존재하는 것이 아니라 다양한 길들이 존재한다. 고속도로와 국도, 오솔길 등 여러 길들이 있지만, 우리는 좀 더 빠르고 편안하게 갈 수 있는 길만이 유일한 길이라고 생각하고 있을 뿐이다. 따라서 길은 고정 불변의 길이 아니라 새로운 길을 개척할 수 있고, 다른 길을 찾아서 갈 수도 있다. 그 길이 완전한 길이 아니

4) 강신주, 2003.

라도 좋다. 시간을 단축시키는 길만이 존재하는 것이 아니라 다양한 의미를 발견하는 길도 있다.

최근에 모 대학 신입생이 모꼬지를 가서 폭포수 밑에서 수영을 하다가 사망한 사건이 있었다. 그 학생은 체육학과에 입학한 신입생으로 수영을 잘하는 학생이었다고 한다. 그런데도 불구하고 수영을 하다가 익사를 하였다. 지금까지 우리는 수영을 잘한다는 것은 배영, 접영, 평영, 자유형 등 4가지 영법을 할 줄 아는 것을 말해왔다. 그것이 바로 우리 사회에서 통용되고 있는 수영을 잘한다는 기준이었다. 거기에 수영을 주로 하는 곳은 수영장이라는 물 안에서의 수영이었다. 물의 흐름이 없는 고정된 곳에서 수영만을 해왔을 뿐이다. 이 때문에 물 흐름이 빠른 계곡에서의 수영과는 아주 다르다. 고정된 수영기법이 아니라 물 흐름에 맞는 변형된 수영기법이라는 수영의 길이 존재하는 것을 잊고 있었다.

익사라는 사건은 수영미숙과 심장마비 등이 주된 이유이다. 하지만 우리가 주된 관심을 가질 문제는 수영미숙이다. 깊은 호수와 폭포수 밑에서 수영을 할 수 있다는 것은 어느 정도의 수영실력을 갖춘 사람만이 가능한 일이다. 수영이 미숙한 자는 수영할 생각조차도 엄두를 내지 못한다. 즉, 수영미숙은 물 흐름과 자신과의 소통의 부재에서 나타나는 결과라고 할 수 있다. 계곡의 물 흐름에 적응하지 못했기 때문에 발생한 일이다. 물이라는 타자와 소통이 되지 않았기 때문에 일어난 일이다. 즉, 물(타자)과 자신(주체)이 하나가 될 수 없었다는 것을 의미한다. 그 때문에 물이라는 타자와 자신이 서로 배격하는 결과를 가져온다. 소통이 단절되어 수영하기가 그만큼 어려워졌음을 알 수 있다.

이 글의 목적은 첫째로 같은 폭포수 밑에서 수영한 두 사람의 차이를 발견하는 것이다. 둘째는 장자의 허심개념을 통해 스포츠의 자세를 찾는 데 있다. 연구방법은 장자의 저서 《장자》와 그의 철학에 대한 2차 문헌을 적절하게 인용하는 방법을 사용하였다. 연구절차는 우선적으로 장자의 허심개념에 대한 기본적 개념에 대하여 알아보고, 장자의 허심방법에 대하여 알아본다. 이후에 장자의 허심과 스포츠의 자세에 주는 시사점을 알아보았다.

장자의 허심개념

춘추전국시대에 장자라는 인물이 저술한 《장자》라는 책이 있다. 저자의 이름이 장자이고, 그 책 이름 역시 장자이다. 하지만 이 책은 장자 한 사람의 저작이라고 평가하는 것은 곤란하다. 후대에 여러 학자들이 내용을 첨가해서 오늘의 장자라는 책이 완성된 것이다. 성경책이 어느 한 인간의 저작이기보다는 후대의 개작을 통하여 오늘날의 성경이 완성된 것처럼 《장자》라는 책 역시 개작의 흔적이 여러 곳에서 발견되고 있다.

동양의 철학적 전통에 있어서 虛는 주로 도가철학의 정신을 대변한다. 허는 노자와 장자를 비롯하여 열자에도 등장한다. 허는 마음의 상태를 지칭할 때 허심이라고 한다. 마음과 연계되어 사용되는 허는 무엇인가를 비운다는 방법적인 의미와 더불어 비어 있는 마음을 형용한다. 허는 비운다는 동사적 의미와 더불어 빔이라는 명사적 의미를 동시에 지닌다. 장자의 〈산목〉 편에는 빈 배[虛船]라는 말이 나오는데, 이 역시 마음이 텅 빈 상황을 비유한다.[5)]

장자라는 책에서 장인과 관련된 여러 이야기가 나온다. 그 이야기 중에서 이 장에서는 포정 이야기와 수영 이야기를 중심으로 타자와의 소통과 주체의 변형에 관련된 뜻을 찾아내어 허심개념을 중심으로 논의를 진행하였다.

1. 포정 이야기

포정이라는 훌륭한 백정이 문혜군을 위하여 소를 잡았다. 손을 갖다 대고, 어깨를 기울이고, 무릎을 굽히고, 그 소리는 설컹 설컹, 칼 쓰는 대로 석뚝 석뚝, 완벽한 음률, 무곡 '뽕나무 숲'에 맞춰 춤추는 것 같고, 악장 '다스리는 우두머리'에 맞춰 율동하는 것 같았다. 문혜군이 말했다. "훌륭하다. 기술이 어찌 이런 경지에 이를 수 있을까?" 포정은 칼을 내려놓고 대답했다. "제가 귀하게 여기는 것은 도입니다. 기술을 넘어서는 것입니다. 제가 처음 소를 잡을 때는 눈에 보이는 것은 온통 소뿐이었습니다. 삼 년이 지나자 온전한 소가 보이지 않게 되었습니다. 지금은 신으로 조우할 뿐, 눈으로 보지 않습니다. 감각 기관은 쉬고, 신이 원하는 대로 움직입니다. 하늘이 낸

5) 이종성, 2005: 240.

결을 따라 큰 틈바귀에 칼을 밀어 넣고, 큰 구멍에 칼을 댑니다. 이렇게 정말 본래의 모습에 따를 뿐이지만, 아직 인대나 건을 베어 본 일이 없습니다. 큰 뼈야 말할 나위도 없지 않겠습니까? 훌륭한 백정은 해마다 칼을 바꿉니다. 살을 자르기 때문입니다. 보통 백정은 달마나 칼을 바꿉니다. 뼈를 자르기 때문입니다. 저는 지금까지 19년 동안 이 칼로 소를 수천 마리나 잡았습니다. 그러나 이 칼날은 이제 막 숫돌에 갈려 나온 것 같습니다. 소의 뼈마디에는 틈이 있고 이 칼날에는 두께가 없습니다. 두께 없는 칼날이 틈이 있는 뼈마디로 들어가니 텅 빈 것처럼 넣어, 칼이 마음대로 놀 수 있는 여지가 생기는 것입니다. 그러기에 19년이 지났는데도 칼날이 이제 막 숫돌에 갈려 나온 것 같습니다. 그렇지만 매번 근육과 뼈가 닿는 곳에 이를 때마다 저는 다루기 어려움을 알고 두려워 조심합니다. 시선은 하는 일에만 멈추고, 움직임은 느려집니다. 칼을 극히 미묘하게 놀리면 뼈와 살이 툭하고 갈라지는데 그 소리가 마치 흙덩이가 땅에 떨어지는 소리와 같습니다. 칼을 들고 일어서서 사방을 둘러보고, 잠시 머뭇거리다가 흐뭇한 마음으로 칼을 닦아 갈무리를 합니다." 문혜군이 말했다. "훌륭하다! 나는 오늘 포정의 말을 듣고 양생이 무엇인지 터득했노라."[6)]

장자의 글은 이야기로 서술되어 있는데 그 이야기는 은유의 방법으로 되어 있다. 포정 이야기에서 알 수 있는 사실은 기와 도 그리고

6) 壯子, 養生; 강신주 역, 2003.

신의 차원에서 소를 잡는 방법이다. 포정이라는 백정의 소 잡는 기술은 신비한 단계에 도달해 있다. 그 방법에 비법은 기술에 있지 않고 도에 있다고 포정은 말한다. 도 차원의 방법은 칼과 소의 뼈, 힘줄과 부딪히지 않고 서로 소통하여 칼이 뼈 사이를 가로질러 소를 잡기 때문에 칼이 무디어지지 않고 한 번도 갈지 않고도 쓸 수 있게 된 것이다. 그 방법이 신(神)의 경지에 도달함을 알 수 있고 문혜군 역시 그 신의 경지에서 양생의 방법을 터득하고 있다.

다른 예를 하나 더 들어보자. 바람이 없다면 행글라이더는 날 수 없다. 그러나 바람이 분다고 해서 행글라이더가 무조건 날 수 있는 것도 아니다. 바로 이 사이에 인간의 자유가 존재하는 법이다. 강한 바람이 불면 나뭇잎도 떨어지고, 지붕도 날라 갈 수 있다. 그러나 행글라이더는 어떠한가? 바람 속에서 유연하게 날아가는 행글라이더는 분명 만유인력과 바람의 힘 사이에서 균형을 잡는 인간의 자유를 상징하지 않는가? 강한 바람 속에서 행글라이더는 떨어질 수도 있고 떨어지지 않을 수도 있다. 다시 말해 미세한 바람의 움직임에 따라서 자신의 몸을 이리저리 움직이면서 자신이 가야 될 방향으로 미묘하게 길을 잡아나가는 것 속에서 바로 행글라이더를 타는 사람의 자유가 있다는 것이다. 우리는 여기서 비인칭적이고 유동적인 주체 형식을 확인할 수 있다.[7]

앞의 예에서 알 수 있는 사실은 길은 고정불변의 길이 아니라 유

7) 강신주, 2003: 239.

동적인 길이라는 것이다. 주체의 변형이 따라야 새로운 길로 잘 갈 수 있다는 교훈을 제시하고 있다. 타자에 대한 주체와의 소통과 그 과정을 거쳐 주체의 변형이 이루어지지 않으면 자유를 얻을 수 없다. 소 잡는 일도, 행글라이더 타는 일도 기계적인 반복을 통해서 몸으로 배우는 일이지만 단순한 반복만을 행한다고 배워지는 것은 아니다. 몸이 타자와의 소통을 통해 주체를 변형했을 때 가능한 일이다. 이와 같은 예는 수영 이야기에서 더욱 잘 드러나고 있다.

2. 수영 이야기

공자가 여량이라는 곳에 유람을 하였다. 그곳의 폭포수가 삼십 길이나 되었는데, 그 폭포수에서 떨어져 나온 물거품이 사십 리나 갈 정도로 험해서, 자라나 물고기 등도 수영할 수 없을 정도였다. 그런데 한 사나이가 그런 험한 곳에서 수영하는 것을 목도하게 되었고, 공자는 그 사람이 어떤 피치 못한 사정으로 자살하려고 물에 들어간 것이라고 여겼다. 공자는 제자들로 하여금 물길을 따라가서 그 사나이를 건지게 하였다. 그 사나이는 한참이나 물을 따라 흘러 내려가다 마침내 물에서 나와 흐트러진 젖은 머리를 털고 노래를 부르며 뚝 아래를 유유자적하면서 걸어갔다. 공자는 그를 따라가서 물어 보았다.

"나는 그대가 귀신인 줄 알았네. 그러나 지금 보니 자네는 귀신이 아니라 사람이군, 그대에게 수영을 하는 어떤 특이한 방법이라도 있는지 묻고 싶네."

"무슨 특별한 방법이 있겠습니까? 나는 과거의 삶의 문맥에서 시작해서 현재의 삶의 문맥에서 자라고 있습니다. 이렇게 될 수 있었던 것은 부득이한 소통의 흐름에서 제 자신을 완성했기 때문입니다. 물이 소용돌이쳐서 빨아들이면 저도 같이 들어가고, 물이 나를 물속에서 밀어내면 저도 같이 그 물길을 따라 나옵니다. 물의 길을 따라서 그것을 사사롭게 나의 것으로 여기지 않습니다."

"과거의 삶의 문맥에서 시작했지만, 지금의 삶의 문맥에서 자라날 수 있었던 것은 부득이한 소통의 흐름에서 자신을 완성했기 때문이라고 그대는 말했는데, 그것은 무슨 의미인가?"

"제가 육지에서 태어나서 육지에 편해진 것이 옛날의 삶의 문맥이고, 제가 현재 물에서 자라서 물에 편해진 것이 지금의 삶의 문맥이고, 내가 지금의 삶의 문맥에서 어떻게 그렇게 수영을 잘하는지 모르지만 수용을 잘하는 것이 소통의 부득이한 흐름입니다."[8)]

이상이 장자의 〈달생〉 편에 나오는 수영 이야기이다. 이는 오늘날 스포츠의 자세에 대하여 다시 생각하게 만든다. 특히 앞의 인용문 중에서 다음의 내용은 이 이야기의 핵심이다. "물이 소용돌이쳐서 빨아들이면 저도 같이 들어가고, 물이 나를 물속에서 밀어내면 저도 같이 그 물길을 따라 나옵니다. 물의 길을 따라서 그것을 사사롭게 나의 것으로 여기지 않습니다." 폭포수가 삼십 길이나 되는 곳에서 수영하는 사내를 보고 공자의 질문에 대답한 내용이다. 그곳은

8) 莊子, 達生; 강신주 역, 2003.

깊어서 자라나 물고기도 살지 못하는 곳이다. 이 때문에 공자는 그 사나이를 귀신으로 착각하고 만다. 귀신은 장자가 말하는 기와 도 차원을 넘어서 이미 신의 경지에 들어간 자이다.

이 사나이가 수영을 잘할 수 있었던 것은 마음의 자세 때문이다. 처음 수영을 배우는 사람이 수영을 잘하지 못하는 이유는 물을 받아들이지 못하기 때문이다. 자신이 살기 위하여 물을 밀쳐내며 자신의 살길만을 생각하고 물의 흐름을 배척하기 때문이다. 수영을 하는 것은 물이라는 타자와 소통하면서 주체를 변형하여 물의 흐름에 거슬리지 않는 것을 의미한다. 물을 두려워한 나머지 물과 소통하지 못하기 때문에 수영을 잘하지 못하게 된다.

수영이라는 문법 안에서 자유롭기 위해서는 물이라는 타자와의 소통이 우선적으로 요구된다. 익사할 수 있다는 두려움과 살겠다는 의지라는 인칭적 자아에서 벗어나, 마음을 비움과 트임으로 있게 하는 비인칭적 자아인 허심의 단계에 도달하게 되면 물의 흐름에 나를 맡기고 자유롭게 수영을 할 수 있게 된다. 물이라는 타자와의 소통을 거부할 때 수영은 주체와 점점 멀어진다. 그렇기 때문에 운동하는 주체는 근운동감각을 열려 있게 하여 물 흐름의 감각에 따라서 주체를 변형하게 되는 것이다.

물이라는 타자의 소통은 다름 아니라 물의 흐름에 따라서 물이라는 타자의 감각을 수용하는 것이다. 그것은 주체의 몸이 물의 흐름에 적응하게 되어 물에서 자유로움을 얻게 된 것을 의미한다. 축구의 경우를 예로 들면, 선수가 전략과 전술에 압도되는 것이 아니라 능동적 대응을 통해서 조율해가는 생각하는 축구를 말한다. 이는 기계적으로 습득된 전략에 따른 대응이 아니라 현장에서 요구하는 유동적인 대응 능력을 말한다. 그것이 위에서 강조하는 장자의 허심이라는 비인칭적 자아의 마음의 자세이다.

장자의 허심방법

도의 생성의 무궁함은 항상 허로서의 무가 보장될 때 가능하다. 사물의 본성을 잘 닦아 덕에 돌아가 덕이 처음과 같은 상태에 이르게 된다. 그래서 같아지면 허하게 되고, 허하게 되면 커진다(莊子, 天地). 처음 상태로 되돌아가게 한다는 것은 무위로서 가능하다. 무위는 곧 허를 자극하게 하는 것이고 허는 곧 무엇이든 하지 못할 것이 없는 상태, 허의 지극함이 매우 큰 상태가 되는 것이며 사물의 본성의 실정을 회복하게 된다. 이러한 상태는 바로 도를 체득하여 덕과 하나가 된 상태이다.[9)]

이처럼 허심은 허의 지극한 상태이다. 장자의 성심에서 벗어나 허심을 도발하는 방법은 심재와 좌망에서 찾을 수 있다. 심재는 마음을 닦아 정결하게 하고 허령하게 하는 공부를 말한다. 이 공부는 감관에서 심으로, 심에서 기로 점차 깊어지는 과정을 보여준다. 이때 기는 포정해우의 이야기에서 말한 神처럼 마음의 심층에 있는 정신

9) 심재권, 2000: 51.

이다. 심재에 대하여 알아보자.

> "너의 의지를 전일하게 하라, 귀로 듣지 말고 마음으로 듣도록 하고, 마음으로 듣지 말고 귀로 듣도록 하라. 귀는 소리를 듣는 데 그칠 뿐이고, 마음은 표상된 관념에 맞추어 보는 데 그칠 뿐이다. 기라는 것은 허하여 물을 기다리는 것이다. 오직 도는 허한 상태에서 모인다. 허의 상태를 유지하는 것이 심재이다."[10)]

마음을 비운다는 것은 선입견과 인칭적 자아에서 고정된 마음을 버리는 것을 의미한다. 우리의 마음은 온갖 감관에 의해서 길들여져 있다. 꽉 채워진 마음은 다른 것이 비집고 들어가지 못하게 한다. 그것이 극에 달하면 아집이라는 고집불통이 되기 때문에 타자를 수용하지 못하고 단절하는 소통부재의 결과를 가져온다. 심재는 마음을 재계하는 것이다. 모든 아집을 버리고 열려 있는 상태의 마음을 유지하는 것이 허심의 마음이기도 하다. 비어야 채울 수 있고, 비어야 받아들일 수 있는 이치다.

먼저 좌망은 좌치와 반대되는 말이다. 좌치는 허의 상태에 머물지 못하는 것을 말한다. 그러므로 좌망이 궁극적으로 지향하는 것도 심재와 같다고 할 수 있다. 하지만 표현되고 있는 내용에만 국한시킨다면 심재가 종합적임에 비하여 좌망은 부분적이라는 차이가 있다. 여기서는 다만 감성인식과 이성인식을 버리라는 부정적인 주장만

10) 莊子, 人間世; 기세춘 역, 2007.

개진되고 있을 뿐 심재에서 보듯이 그 이상의 경지에 대한 긍정적인 언급이 없기 때문이다. 사지와 몸을 허물어 버리고 일체의 감각기능은 배제하라는 것과, 형체를 떠나고 지식을 버리라는 말은 동어반복이다. 사지와 몸의 허물을 버리는 것이 곧 형체를 떠나는 것이고, 일체의 감각기능을 배재하는 것이 곧 지식을 버리는 것이다.[11] 이 말은 장자의 〈대종사〉 편의 공자와 안회의 대화에서 잘 드러난다.

> 안회가 물었다. 저는 진전이 있었습니다. 공자가 물었다. 무엇을 말하는가? 안회가 답했다. 저는 인의를 잊었습니다. 공자가 말했다. 잘 했다. 그러나 미진하다. 뒷날 안회는 다시 공자를 뵙고 말했다. 저는 진전이 있었습니다. 공자가 물었다. 무슨 진전인가? 안회가 답했다. 저는 예악을 잊었습니다. 공자가 말했다. 잘했다. 그러나 미진하다. 뒷날 안회는 다시 공자를 알현해 아뢰었다. 진전이 있었습니다. 공자가 물었다. 무슨 진전인가? 안회가 답했다. 저는 좌망에 들었습니다. 공자는 움찔하면서 말했다. 좌망이란 무엇을 말하는가? 안회가 말했다. 육신을 벗어나 총명을 물리치고 형체를 떠나 지혜를 버리고 큰 통철함에 대동함을 일러 좌망이라 합니다. 공자는 말했다. 대동하면 호오가 없고 조화하면 상집이 없으리니 과연 진실로 어질도다. 나도 네 뒤를 따르고 싶다.[12]

이처럼 심재와 좌망은 인간의 감성과 이성을 통하여 갖게 된 물질적 욕망과 과학적 지식에 의한 아집 의식에서 벗어나는 일종의 열린

11) 박원제, 1996: 127.
12) 莊子, 大宗師; 기세춘 역, 2007.

마음의 상태를 말하는 것이다. 우리의 마음은 시비, 차별, 이해, 득실 등의 관념으로 가득 채워져 있다. 빈틈이 없는 마음은 무엇을 수용하려고 하지 않는다. 이 때문에 타자와의 소통이 어렵고 주체의 변형 또한 힘들게 된다. 열린 마음을 가질 때 새로운 길과 만날 수 있고, 주체의 변형을 할 수도 있는 것이다.

장자의 심재와 좌망은 허심의 상태에 도달하기 위한 방법이라고 할 수 있다. 차이점은 앞에서 말한 것과 같이 종합과 부분의 차이이다. 욕망을 추구하는 존재로서 인간이 욕망과 지식에서 벗어난 상태에 도달하는 데 심재와 좌망이 요구되는 것이다. 과도한 욕망에 이끌려 본래적인 자기를 상실할 수 있기 때문에 허심의 상태가 필요하다. 이러한 장자의 허심을 위한 방법들을 스포츠의 자세에 어떻게 적용할 것인가에 대하여 다음 장에서 살펴보자.

장자의 허심과 스포츠의 자세

도를 통해 자신을 비어 있게[虛] 만드는 것을 장자는 심재라고 한다. 또한 심재는 시비나 욕망으로부터 마음을 정화시켜 다른 사람 혹은 사물이 자신에게 그대로 비춰질 수 있도록 한다. 장자는 인간을 옭아매고 있는 문화적 속박에서 자유롭고자 하며, 덧씌워진 문화 속에서 진정한 것을 추구하고자 한다. 이 때문에 장자는 닮고자 하는 것은 혹은 도달하고자 하는 도의 모델은 선대의 문화전통이나 합리적 규범이 아니라 인간이 그 속에서 숨 쉬고 살아가는 세계 자체에서 찾는다. 소를 잡는 것, 매미를 잡는 것, 수레바퀴를 깎는 것, 그리고 폭포에서 헤엄치는 것과 같은 비천한 일 혹은 일상적인 일도 모두 도의 매개체가 된다.[13)]

지금까지 장자의 포정과 수영 이야기를 통해서 우리가 배울 수 있는 장자의 허심개념은 텅 빈 고요한 마음 상태, 혹은 열린 마음의 상태를 말한다. 이를 위해서는 경쟁, 승리, 결과, 기록 등의 마음을 고착시키지 말아야 한다. 그렇다고 스포츠를 하지 말라는 말은 아니다. 너무 이런 것에 집착하다 보면 스포츠를 하는 목적을 상실할 수 있게 되기 때문이다. 그래서 허심의 자세가 스포츠에 줄 수 있는 것은 스포츠의 자세, 코칭의 자세, 실전의 자세 등이다. 이 세 가지는 다음과 같이 요약할 수 있다.

첫째, 스포츠의 자세이다. 장자의 이야기에서 얻을 수 있는 핵심의 용어는 허심이다. 허심의 길은 욕망을 버리고 타자와의 소통을 통해 주체를 변형하는 길이다. 이 길이 스포츠의 자세와 무슨 관계가 있을까? 우선 스포츠의 기술을 습득하는 방법은 정석이라고 할 수 있는 고정불변의 자세(정형화된 형태)를 기계적으로 반복하여 습득하게 한다. 정형화된 자세는 개인의 취향과 체격 형태 그리고 근운동감각이 저마다 다르기 때문에 모든 선수에게 통용될 수는 없음에도 강조 내지는 강요하게 된다. 우리가 스포츠를 배울 때 정형화된 자세만을 강요하기보다는 자신의 몸에 맞는 변형된 자세를 운

13) 장경일, 2004 : 107.

동선수들이 스스로 개발할 수 있도록 기회를 주는 것이 필요하다.

높이뛰기의 경우를 예로 들어 보자. 배면뛰기 방법은 기존의 고정화된 자세를 넘어서는 놀라움이었다. 2미터 35센티를 넘어서는 세계신기록이라는 대기록이었다. 사람들이 등 뒤로 뛰는 자세를 생각할 수는 있었지만 실행할 수 없었다. 그런 동작을 현실화하여 기록을 달성하였다. 스포츠의 자세는 고정불변의 자세가 아니라 대상과 소통하는 주체의 변형에 의해서 형성되는 열려 있는 자세임이 확인되는 예이다. 이는 창의적인 대응방식으로 유동적인 마음의 자세를 의미한다.

둘째, 코칭의 자세이다. 코치들은 자신이 배운 대로 가르치는 일이 관행이다. 자신이 배운 것이 정석이기 때문에 정석에서 조금만 벗어나도 문제를 제기하고 질책하기 바쁘다. 우리는 수학을 배울 때 기본 정석을 통해서 문제풀이 방식을 배웠다. 그래서 다른 문제가 나와도 기본 정석을 가지고 응용해서 문제를 푸는 이치와 같다. 정석을 배우고 자신의 몸에 맞는 변형을 자연스럽게 습득하도록 기르쳐야 하는데 기본 정석만을 강요하다 보면 자신의 몸에 어색한 자세가 될 가능성이 높다. 이런 위험성을 배제하지 못한다. 코칭은 선수를 존중하고 선수의 체형에 맞는 차별화된 자세를 가르치려는 노력이 필요하다. 모든 자세를 획일화하는 것은 위험할 수 있는 선수 개개인의 가능성을 죽이는 일이 될 수 있다. 다음의 내용은 이를 잘 나타내주고 있다.

소를 잘 잡는 사람이 수영을 꼭 잘하는 것이 아니듯이, 수영을 잘

하는 사람이 꼭 소를 잘 잡는 것은 아니다. 그래서 포정은 타자와 소통할 수 있는 비인칭적인 마음을 유지하면서 타자에 맞게 자신의 기술을 재조정할 수밖에 없다고 이야기했던 것이다. 그렇다면 포정이 말한 도는, 기술이란 것이 단지 특정한 타자와의 소통의 결과로 출현한 특정한 흔적이기 때문에 다른 타자와 만났을 때에는 함부로 사용해서는 안 된다는 통찰에 근거하고 있다고 할 수 있다.[14]

셋째, 실전의 자세이다. 실전의 경기에서 배운 방식대로 경기를 펼치는 것이 아니라 상황이라는 타자와 소통과 주체의 변형에서 경기를 운영하는 것이다. 배운 방식만을 고집하다보면 상황이 바뀌면 적응하지 못하는 경우가 빈번하게 발생한다. 그렇기 때문에 정석을 염두에 두고 상황에 맞게 주체를 변형하여 경기를 진행하는 지혜가 필요하다. 그래서 많은 연습게임을 가질 필요가 있는 것이다. 상황은 동일하지 않기 때문이다. 정석을 되풀이하는 연습만을 가지고는 다양한 상황에 따른 경기에 적응하기가 어렵기 때문이다. 축구전문가들은 축구선수들 중에 국내용 선수가 있고, 국제용 선수가 있다고 말한다. 그것은 타자와 소통하는 차이와 주체의 변형에 그 차이가 있기 때문이다. 국내 경기에 너무나 익숙하여 국제 경기를 배제하고 소통의 부재를 가져오고 주체를 변형하지 못하기 때문에 나타나는 결과이다. 뿐만 아니라 허심이라는 마음의 비움을 통하여 승리와 기록 그리고 결과에 집착하지 말고, 비운 마음에서 경기에 참여하는

14) 강신주, 2003: 269.

자세가 요구된다. 같은 뜻에서 다음의 글은 참조할 만하다.

수영 잘하는 자는 자주 연습하여 물을 잊을 수가 있다. 잠수부가 곧 노를 저을 수 있는 것은 연못이 마치 언덕처럼 보이고 배가 뒤집히는 것을 수레가 미끄러지는 것쯤으로 보기 때문이다. 만물이 뒤집히고 미끄러지는 일이 바로 눈앞에 전개되어도 그의 신명의 집에는 들어오지 못한다. 어디를 가도 그럴 틈을 주지 않는다. 활쏘기에서 기왓장이 상품으로 걸리면 기술을 다 할 수 있지만 은고리가 상품으로 걸리면 떨리고 황금이 걸리면 혼미해진다. 기술은 동일하지만 아끼는 마음이 있어 외물을 소중히 여기기 때문이다. 무릇 외면이 중시되면 내면은 궁색해지는 것이다.[15)]

장자의 허심은 우리에게 세 가지 이상의 지혜를 제공하고 있다. 이 모든 지혜는 자세라고 할 수 있는 마음가짐이라기보다는 타자와 소통하고 주체를 변형할 수 있는 자세라고 보면 된다. 변화하기 싫어하고 고정불변의 방법만을 고수하다 보면 새로운 상황에 적응하지 못하고 도태할 가능성이 여전히 높다. 버릴 것은 버리고 허심의 상태에서 주체를 변형하는 것이 발전할 수 있는 길이다.

허심의 회복 또는 확보는 타자와 조우하기 이전의 수양론이라는 함축만을 가지고 있다. 만약 허심으로 소통이 저절로 발생한다고 본다면, 이런 이해는 기본적으로 수양론적 공간과 현실적인 삶의 공간을 구별하지 못하고 있다는 비판에 직면하게 될 것이다. 장자에게

15) 장자, 달생편: 기세춘 역, 2007.

허심은 그 자체로 추구된 것이라기보다는 오히려 타자와 소통한다는 목적에 종속되는 것이다. 마음의 수양에서 인칭적 자의식을 제거하려는 노력도 타자와 잘 소통하기 위해서다. 그러나 아쉽게도 장자 이후 이 점은 망각되어 버렸다. 도대체 왜 마음을 수양하는지 망각한 채 마음만을 수양하게 된 것이다. 이것은 마치 자신이 왜 칼을 가는지 망각한 사람이 그저 칼을 날카롭게 갈아 그렇게 날이 선 칼을 집 장식장에 넣어두는 것과 마찬가지다.[16)]

이상과 같이 장자의 허심개념은 스포츠자세에 교훈을 제공한다. 우리는 너무 승리와 기록, 결과라는 인칭적 자아라는 성심에 사로잡혀 있었다. 그 결과 스포츠에 종속되는 경향이 지배적으로 나타나게 되었다. 성심에서 벗어나지 못하면, 사람보다 기록과 승리에 더 집착하는 모순에 빠지게 된다. 운동하는 의미는 상실하고 기록만을 추구하는, 운동하는 기계가 될 위험성이 높다. 그렇기 때문에 成心이라는 이해, 득실, 시비, 차별 등의 마음에서 자유로울 때 스포츠에서 자유를 얻을 수 있다. 특히 심재와 좌망이라는 허심의 방법을 통해 열린 마음의 상태에 도달하여 새로운 길을 만날 수 있고, 주체를 변형할 수 있다.

16) 2003, 강신주: 342.

결론

장자가 저술한 《장자》라는 텍스트를 중심으로 하여 장자의 허심 개념과 허심에 도달하는 방법인 심재와 좌망에 대하여 알아보았다. 허심은 성심의 상대적 개념이다. 장자가 주장하는 것은 욕망과 지식으로 형성된 성심(인칭적 자아)에서 벗어나 허심(비인칭적 자아)에 도달하는 주체의 변용이다. 좀 더 쉽게 설명하면, 허심은 마음 비움과 텅 빈 고요한 마음을 의미한다. 허심은 스포츠세계에서도 쉽게 발견된다. 마음을 비워라, 정신을 집중해라, 승리에 집착하지 마라 등의 허심을 지칭하는 말들이다. 이 말들은 스포츠의 여러 곳에서 발견된다. 하지만 이러한 일상용어 속의 허심에 대하여 그동안 우리는 잘 인지하지 못하고 있었다.

장자의 허심개념을 스포츠의 자세, 코칭의 자세, 실전의 자세로 구분하고 적용하여 그 의미를 탐구하였다. 그 탐구내용은 전적으로 장자의 도에 대한 강신주의 해석에 의존하여 그의 아이디어를 바탕으로 스포츠의 자세와 관련되어서 논의를 진행하였다. 그 결과 장자의 허심에서 우리가 배울 수 있는 것은 성심에서 벗어나 비움과 트임이라는 마음의 자세와 고정불변의 길만을 추구하기보다는 타자와 주체의 소통을 통하여 주체의 변형을 통한 새로운 길을 찾아야 한다는 것이다. 성심으로 가득 찬 선입견과 고집스러운 아집에서 벗어나 새로운 길을 모색하는 것이 스포츠의 자세에서 요구된다. 새로운 길에 대한 두려움보다는 비운 마음을 늘 유지하면서 새로운 길에 대한 탐색과 적응을 찾아야 한다.

타자와의 소통을 통한 주체의 변형은 일종에 몸 감각을 만든다는 것으로 받아들일 수 있다. 한 예로 축구선수의 몸 만들기는 축구와 내가 소통하여 축구에 맞는 몸의 상태로 주체적으로 변형하는 것을 말한다. 그래서 축구선수는 축구에 적합한 몸의 상태를 유지한다. 축구선수는 축구를 잘할 수밖에 없는 몸 감각을 가지고 있다. 이 때문에 축구를 잘하는 사람이 다른 운동도 잘할 수 있다는 그동안의 견해는 잘못된 것임을 확인할 수 있다. 물론 운동선수는 모든 운동을 잘한다는 주장은 스포츠심리학에서 말하는 긍정적 전이에 해당한다. 유사한 운동종목의 경우는 유사한 몸 감각에 맞게 주체가 변용된 몸 상태를 가지고 있기 때문에 가능하다. 그것이 운동이라는 타자와의 소통을 통해서 주체가 갖게 된 변용에 의한 결과이다.

하지만 운동종목의 유사성이 없을 경우는 몸 감각이 차이가 있기 때문에 아주 잘하지는 못한다. 그렇기 때문에 타자와의 소통과 주체적 변형이 필요하다. 이를 위해서는 비움과 트임의 자세가 필요하다. 처음 서론에서 수영을 잘 하는 학생이 폭포수 밑에서 수영을 하다가 익사한 사건과, 장자의 〈달생〉 편에 나오는 수영 이야기를 비교해 보면 그 해답이 확연히 드러난다. 앞의 두 경우에서 발견할 수 있는 깨달음은 소통과 주체의 변형, 비움과 트임의 문제이다. 물이라는 타자와의 소통과 주체의 변용이 중요함을 알 수 있다. 따라서 스포츠의 자세는 타자와의 소통과 주체의 변용을 하기 위한 비운 마음(허심)과 트임을 늘 유지하는 것을 말한다

3장

체육의 공부론:
기의 습득과 도의 체득

우리의 삶 속에 배움의 기간은 적어도 인생의 삼분의 일에 해당한다. 물론 이보다 더 긴 교육을 받는 사람이 있는가 하면 아주 짧은 교육을 받는 사람도 있다. 그 교육이 제도화된 교육을 통해서든 아니면 제도권 교육에서 벗어난 교육을 받든 말이다. 인간의 삶은 끊임없는 배움의 연속과정이다. 이 때문에 사람들은 인생을 배움 그 자체라고 말한다.

공부는 인간의 생존을 위해서 필요한 실용적인 기술공부가 있는가 하면 자신의 삶의 교양을 쌓기 위한 교양공부가 있다. 그것도 아니면 수학이나 영어와 같이 대학을 진학하기 위하여 문제를 풀고 정답을 맞히기 위한 공부가 있다. 이 글에서 말하는 공부는 그런 공부가 아니라 인간다움의 길에 관한 성찰을 의미하는 사람됨의 참된 공부이다. 지금까지 우리가 알고 있는 공부는 수학이나 영어공부에서 벗어나지 않았다. 그래서 항상 공부라는 말은 우리들의 의식 속에 영어 혹은 수학공부라는 말로 차지하고 있기 때문에 공부는 지적학습이란 의미가 강하게 작용하고 있다.

이런 공부에 대한 오해에서 좀 더 벗어나서 참된 공부는 자신의 몸(정신과 육체가 분리되지 않는 총체적인 상태)의 성장과 성숙을 수행, 즉 사람됨의 공부에 대하여 말하려는 것이다. 사람됨이란 체육공부뿐만 아니라 모든 공부가 지향해야 할 이상이며, 가야 할 최고의 목적지이다. 이런 차원에서 체육공부 역시 가야할 길은 사람됨의 공부이다. 공부는 다른 말로 수양, 수련, 도야, 수행 등이라고 불린다.

공부(工夫)라는 원뜻은 '덕(德)을 득(得)함을 지향하는 훈련' 을 의미한다. 우리말의 공부(工夫)의 중국발음이 kung-fu이며 이것을 우리말로 개화하여 표기한 것이 곧 '쿵푸(후)' 다. 달인의 경지에 이른 인간의 몸에 대하여 광범위하게 두루 쓰이는 표현으로서 우리가 지금 '쿵푸(후)' 라고 부르는 무술이 한 형태는 쿵푸(후)라는 일반명사의 개념에 포섭되는 광범위한 개념 중에 하위개념이다. 이 쿵푸(후)는 오랜 시간의 축적을 통하여 고수의 몸이 얻은 덕(德)인 것이다.[17)]

우리는 공부를 학습으로 오해하는 경우가 있다. 그것은 공부(工夫)와 학습(學習)의 차이를 이해하지 못하기 때문이다. 공부는 일종의 지혜를 추구한다면 학습은 지식을 추구하는 의미를 갖기 때문에 목적의 차이를 발견할 수 있다. 학습은 원리를 찾는 차원에서 배우

17) 김용옥, 1994: 48~49.

고 익히는 것을 의미한다. 여기서 익힌다는 것은 잘 듣고, 잘 읽고, 잘 말하고 잘 쓰기 등을 의미한다. 이 모든 것은 외우기에 의존한다. 이에 비하여 공부는 설명하기가 쉽지 않지만 정성을 다함 혹은 혼(魂)을 쏟아 부어서 무엇을 해나감을 의미한다.[18] 이런 차원에서 운동학습은 기능의 원리를 찾는 배움이라고 할 수 있다. 그렇기 때문에 이 글에서 말하는 체육공부와는 구별해서 사용함이 필요하다.

이 글의 필요성은 학교체육이 학생선수 중심의 엘리트체육에 중점을 둔 반쪽 공부에 머무르고 있고 경기력 향상과 이를 통해 학교의 명예를 알리는 것에 치중한 나머지 보통 학생들을 위한 체육, 학생선수들의 인성교육은 현실에서 멀어지고 있기 때문에 학교체육의 정상화를 유도하는 데 있다. 특히 학원스포츠는 학교 교육의 테두리 안에 있으면서도 학교가 지향하는 지 · 덕 · 체를 고루 갖춘 이른바 전인교육의 성취와는 관련 없이 오히려 학교 교육의 취지와는 동떨어진 기이한 형태로 자라나고 있는 것이 오늘의 실정이다.[19]

이러한 학교체육의 정상화를 위해서, 강신복(2003)은 학교체육의 문제는 특히 학생선수의 경우가 심각한 문제로 나타나는 데 자녀의 전인적 성장에 관심이 없기 때문이며, 비교육적인 학원스포츠의 문제, 능력 만능주의에 대한 올바른 이해가 부족하기 때문에 비정상적인 학교체육이 행해지고 있다고 지적하였다. 특히 천안초등학교 합숙소 화제와 같은 문제들이 발생한 것은 그동안의 학교체육의 위험

18) 임무수, 1994, 2002: 1.
19) 강신복, 2003: 104.

이 표면화되었을 뿐이지 이와 같은 유형의 사고는 지금도 학교체육에 잠재하고 있다고 볼 수 있다.

그렇기 때문에 체육공부의 이론과 실천, 장자의 용어로 사용한다면 기의 습득과 도의 체득이 합일 되어지지 않는 현실에서 운동학습, 즉 운동 기능만을 교육하고, 과잉경쟁을 부추기고, 결과만능주의, 승리지상주의로 치닫고 있는 현재의 체육공부에 문제점이 있음을 발견할 수 있다. 뿐만 아니라 체육에서 교육은 사라지고 학생선수들의 경기력 향상만을 강조되고 있다. 적어도 학교체육에서 개성과 독창성, 도전정신과 비판적이고 합리적인 사유능력, 자유와 평등과 평화의 체험을 지닌 높은 도덕적 품성을 갖춘 체육인 또는 교양인을 육성하기 위해서는 기능교육을 넘어서는 사람됨의 교육이 요구된다.

이 글의 목적은 첫째, 체육공부의 목적은 무엇인가? 이에 대한 문제의 해결은 장자의 공부론에서 시작된다. 장자에 의하면 공부는 실천으로 자유자재에서 찾고 있다. 성심(誠心)이란 선입견을 버리고 소요, 좌망, 무대의 경지에 도달하는 것에 공부의 목적을 두고 있다. 둘째, 체육인이라고 자부하는 우리는 체육에서 무엇을 공부한다는 것인가? 기의 습득(실기)인가, 아니면 도의 체득(이론)인가? 그것도 아니면 기의 습득과 도의 체득의 합일인가? 셋째, 체육공부의 방법은 무엇인가? 기와 도의 합일을 통한 사람됨에 도달하기 위한 방법으로 반성적 차원의 글쓰기, 혹은 인문학적 글쓰기에서 찾을 수 있을 것이다. 이 연구에서는 세 가지 문제에 대한 과제를 해결하는 데 있다.

이 글은 우리가 살고 있는 이 땅에 사상의 중심을 형성하는 동양고전(노장철학)의 문헌에 나타난 공부론을 바탕으로 체육공부를 재해석하는 해석학적 방법을 사용하였다. 방법론적 절차는 공부의 일반이론에 대하여 검토하고, 체육공부란 무엇을 의미하는지를 장자가 말하는 기의 습득과 도의 체득과의 관계에 대하여 알아보았다. 그 다음으로 체육공부의 방법으로서 반성적 차원의 글쓰기에 대하여 구체적인 예를 들어 설명하고, 마무리는 전체의 요약과 향후의 과제를 제시하였다.

공부론

우리의 일상용어 속에서 몸은 어떤 존재자의 본체라는 의미를 지니고 있다. 몸체, 몸통 등이 여기에 해당한다고 볼 수 있다. 컴퓨터 본체는 바로 컴퓨터 몸체와 동일한 의미이다. 몸체가 본체와 동일한 의미라면 그것은 존재자의 중심이라는 의미와 거의 동일하다. 몸체가 중심이라는 의미로서 사용된다면 그것은 마음과 동일하다란 의미를 지니게 된다. 즉 몸=마음=맘이라는 등식이 성립될 수 있다.[20)]

우리가 일상적으로 사용하는 체육공부는 몸의 공부이기도 하다. 이런 차원에서 몸=마음의 등식이 성립하기 때문에 몸 공부와 마음

20) 김성태, 1995: 37.

공부를 말하는 것이다. 이와 같이 체육공부 역시 마음의 공부에서 벗어나지 않는다. 체육공부의 구성은 이론과 실천의 영역으로 나눌 수 있는데, 그 이론과 실천이 분리되지 않고 함께할 수 있는 종착점이 '사람됨' 이다. 사람됨은 다른 말로 인간 형성을 의미하는데 이는 동양철학의 궁극적 도달 목적인 성인(聖人)에 해당하기도 한다.

체육공부는 자신의 움직임의 과정 그 자체에서 도(道)의 깨달음을 일상의 삶에서 실천으로 이행하는 것이다. 즉, 몸으로 배우는 것은 항상 실천의 문제로 귀결된다고 할 수 있다. 이러할 때 앎과 삶이 소통하는 사람됨의 공부로서 체육공부는 제자리를 찾는 일이 될 수 있다. 그렇다면 이러한 의미에서 공부론에 대한 학자들의 견해를 살펴보자.

김용옥은 그의 저서《태권도 철학의 구성 원리》에서 공부란 개념적 조작에 의한 지식의 체계만을 의미하는 것이 아니라 몸의 길의 덕을 얻는 모든 학문을 의미하는 것이라고 하였다.[21] 몸은 기의 유기적 단위이며, 몸은 생명이다. 따라서 몸은 움직인다. 움직임이 없으면 그것은 죽음을 의미하는 것이기 때문이다. 몸의 움직임에는 반드시 '길' 이 있다. 그 길을 우리는 '도' 라고 말한다. 그리고 이 도가 반복되어 몸에 쌓인 것[畜]을 덕이라 한다. 달리 말해서 도는 생겨난 대로 자연스러운 것이고[道生之], 德은 道를 몸에 축적하여 얻는 것이다. 德은 곧 得[얻음]이다(老子, 38章).

21) 김용옥, 1989: 137.

한편 동아시아 학문론은 우선 윤리적 주체와 지식을 분리하지 않는다. 주체는 지식 속에 내면화되며, 지식은 주체의 한 역동적 과정이다. 그래서 안과 밖, 몸과 마음이 통일적으로 이해된다. 더 나아가 천지만물과 우주는 인간의 몸과 마음이 서로 연결되어 있다는 전제 위에 서 있다. 그러므로 동아시아 학문론에서 지식은 죽은 지식일 수 없으며, 윤리적 주체의 心身과는 물론이려니와 천지만물의 역동적 움직임과 살아 있는 연관을 맺지 않으면 안 된다. 이점에서 體得, 곧 몸으로 깨닫는 것이 중시된다. 몸으로 깨닫는 것은 동시에 마음으로 깨닫는 것이다. 마음으로 깨닫는 것은, 그저 지식을 대상화하여 바라보는 것이 아니라 지식과 윤리적 주체를 통합함을 의미한다. 이것이 이른바 공부의 활법이다…. 뿐만 아니라 工夫란 특별한 것이거나 억지로 해야 하는 것이 아니며, 살아 있는 동안에 끊임없이 해나가면서 그것을 통해 자신의 인격을 향상시키고, 세상을 밝히며, 인간과 우주의 도를 깨달아 가는 과정이다.[22]

현재 체육에서 이론과 실천의 분리는 체육의 위기를 잘 보여 주는 한 단면이다. 이런 의미에서 김영민의 말은 시사하는 바 크다고 할 수 있다. 삶과 앎의 소통, 이론과 실천의 이음매 없는 순환이 나름의 무늬를 만들어 자연스럽게 허위의식이 사라지고 이른바 '평상심의 도'라는 지경에 이를 것이다……. 만남도, 사귐도, 시간도 없었고, 관념과 논리에 위계로 환원된 건조하고 성마른 경합의 공간만이 있

22) 박희병, 1997: 6~7.

었을 뿐이다……. 인식주의에 빠져있는 우리는 늘 그러하듯이 논리의 일관성, 관념의 정합성, 이해의 확실성에만 연연한다면 당연히 오해란 답답하고 성가시며 심지어 불쾌한 경험일 것이다.[23]

또한 이진수의 체육공부는 체육에서 몸 닦기에 해당한다. 몸을 닦는 행위는 수신이요, 마음을 닦는 것은 치심이다. 과거와 현재의 용어는 다르지만 오랜 옛날 우리의 조상들은 몸과 마음이 하나라고 언제나 생각하였기 때문에 몸 닦기는 그대로 마음을 닦는 것이었다. 수신이 바로 치심이었던 것이다.[24]

이러한 의미에서 체육공부는 마음 닦기라는 말로 연결된다. 이러한 지적은 지금까지 체육에서는 몸 닦기에 대한 오해를 지적하는 것으로 몸 닦기가 신체단련이라는 인식에 근거하여 신체단련에 치중했음을 알 수 있다. 이 말은 기술의 습득에만 몰두하였다는 것인데 技의 습득은 道의 체득이라는 마음의 수행이 뒤따르지 않으면 온전한 기술이 되지 않는다는 것을 간과한 것이다. 그러므로 체육에서의 몸 닦기는 바로 체육공부가 무엇인가를 답하는 것이다.

최의창은 운동을 가르치는 방법을 技法과 心法으로 구분하여 사용하고 있다. 그의 기법과 심법에 대하여 알아보자. 운동은 기능, 전술, 규칙으로 구성되어 있기도 하고, 진선미로 이루어져 있기도 하다. 전자의 경우 기능과 전술을 잘 활용하도록 지도하며, 후자의 경우 운동을 형이상학적 가치, 윤리적 의미, 미학적 아름다움을 느끼

23) 김영민, 1998.

24) 이진수, 1999: 21.

고 발견할 할 수 있도록 한다. 운동은 하나이되 그것을 바라보는 시각은 두 가지이며, 어떤 시각을 갖는가에 따라 운동을 전혀 다른 실체로 이해하고 대면하게 된다. 게임으로서의 운동에서 배워야 할 중요한 것은 기능과 전술이나, 삶의 형식으로서의 운동에서는 그 운동 종목에 담겨져 있는 그 운동만의 '전통, 정신, 안목'에 자신을 맡기고 그것을 온몸으로 체험하는 것이다. 우리가 운동을 가르칠 때 우리가 전달하는 내용은 기능, 전술, 규칙일 수도 있고, 전통, 정신, 안목일 수도 있다.[25)]

이처럼 기법과 심법은 장자의 공부론에 아이디어를 얻어서 운동 혹은 체육에서 구분하여 사용한 것이다. 최의창의 구분처럼 지금까지 우리는 기능중심의 학습을 체육공부의 모든 것인지 알고 있었다. 물론 실기와 이론으로 구분하여 가르치고 있지만 어떻게 보면 실기와 이론은 모두가 기능 중심의 학습에 지나지 않았다. 왜 우리는 그동안 최의창이 말하는 심법에 대하여 관심을 가지지 못했는가? 그것은 결과, 기록, 경쟁, 승리의 틀 안에서 학습이 이뤄져왔기 때문이다.

이상에서 알 수 있는 것은 체육공부의 궁극적 목적은 사람됨이라는 것이다. 그냥 생존을 위한 공부가 아니라 일반적인 공부 속에서 배우게 되는 마음공부, 즉 덕(德)의 공부가 필요하다는 말이다. 이런 의미에서 학생선수들에게 필요한 것 중에 하나가 인성교육이다. 승리, 기록, 결과, 경쟁에 대한 강박 관념으로 사로잡혀 있는 이들에게

25) 최의창, 2002: 258.

덕의 공부인 체육공부가 절실하다고 할 수 있다. 즉 사람됨이 형성되지 않는 학생선수는 운동기계에 지나지 않는다. 승리보다는 사람됨이 더 중요하다는 사실을 학생선수들에게 인식시킬 필요가 있다. 그렇다며 체육공부란 무엇인가?

체육의 공부론: 技의 습득과 道의 체득

체육을 행하는 사람의 목적에 따라 운동행위 혹은 신체활동은 기술의 습득이 될 수도 있고 혹은 도의 체득이 될 수도 있다. 여기서 기술의 습득은 신체기법을 몸에 익힌다는 말이다. 예를 들어 수영을 한다는 것은 수영의 여러 영법을 몸에 익혀 자신의 기술로 체현함을 의미한다. 이처럼 끊임없이 시행착오의 체험을 통해 자기화하는 작업이 체육에서 실기를 배우는 일이다.

이에 관하여 존 듀이의 경험의 개념에서 차용하여 해석한다면 시행착오식의 기술의 습득은 경험의 성장과 확장에서 도움이 되지 않는 무의미한 활동이라고 할 수 있다. 반면에 자기화하는 지성의 작용을 통한 기술의 습득은 경험의 성장과 연결된다. 이때 배운다는 것은 기술을 습득한 것에 지나지 않지만, 보다 더 나은 체육공부를 위한 토대가 된다고 할 수 있다.

장자에 의하면, 무엇보다도 기술에 대한 습득을 일종의 수행과정으로 받아들임으로써 기술을 삶의 행위로부터 따로 분리시키지 않았다는 점을 들 수 있다. 기술을 익히거나 기술을 쓰기 위해서는 내면의 성숙이라든가 마음을 재계하는 수행이 필수적이라는 것이 장자의 확고부동한 입장이다. 장자에게 기술이란 삶과 떼어놓을 수 없는 행위로서 인간 내면의 성숙을 도모하는 일종의 수행이다.

또한 기술 연마를 통해 도를 겸해야 한다는 장자의 말은 수행을 통해 도를 얻는 것과 기술의 연마가 조금도 다름없음을 제시하고 있다. 기술을 익히거나 쓸 경우 옳고 그름, 칭찬이나 비난, 다른 사람과의 경쟁심, 자기 자신의 몸과 마음 등을 잊어야 제대로 기술을 발휘할 수 있다는 말이다.

이처럼 기술 쓰는 법은 마음으로 터득하는 것이지 단지 손놀림이나 몸 동작으로 익히는 것은 결코 아니다. 기술의 터득과 발휘는 몸이나 손의 간단한 움직임이 아니라 자기존재 전체를 불어넣는 마음의 문제이다. 그래서 〈천도〉 편의 명공도 수레바퀴를 알맞게 깎는 것은 자기 자신이 직접 손으로 터득하고 마음으로 감응해야지 입으로 전할 수 있는 것은 아니라고 말한 바 있다. 기술을 부리는 나의 천성과 재료에 부여된 천연의 품성이 합일되어야 한다는 것이다. 이런 맥락에서 체육의 목적은 어디에서 찾아야 하는가? 기술의 습득에 있는가, 아니면 도의 체득에 있는가?

우선 체육공부의 대상에 대하여 알아보아야 한다. 체육공부는 '몸' 을 대상으로 하는 '몸' 공부에 해당하는데 여기서 몸을 어떻게 보느냐 하는 문제가 제기된다. 몸은 정신과 육체를 구별할 수 없는 실체이다. 둘로 나눌 수 있는 대상이 아니라 하나의 실체라고 할 수 있다. 따라서 '몸' 공부에서 말하는 공부는 몸을 통한 기술의 습득이냐 아니면 몸 자체의 공부인 도의 체득이냐의 문제로 나누어 질 수 있다. 결론을 말하면 체육공부는 기술의 습득과 도의 체득의 합일이라고 본다.

이처럼 기와 도의 합일을 지향하는 체육공부는 사람됨의 공부에서 벗어나지 않는다. 체육의 구성은 이론과 실천의 영역으로 나눌 수 있다. 그 이론과 실천이 분리되지 않고 함께할 수 있는 것이 '사람됨' 이다. 사람됨은 다른 말로 인간 형성이다. 인간 형성은 동양철학의 궁극적 도달 목적인 성인(聖人)을 말하는데 자신의 움직임의 과정 그 자체에서의 도의 깨달음[體得]은 일상의 삶에 실천으로 이행되는 것이다. 즉 몸으로 배우는 것은 항상 실천의 문제로 남는다. 이러할 때 앎과 삶이 소통하는 사람됨의 공부로서 체육공부는 제자리를 찾는 일이 될 수 있다.

좀 더 이해를 돕기 위해서 체육공부를 기술의 습득과 도의 체득으로 구분한다면, 기술의 습득은 운동기술을 배우는 것 자체를 의미한다. 예를 들어 수영을 배운다고 한다면 수영의 영법들을 배우는 것이 기술을 습득하는 것이다. 기술의 습득 자체가 수영을 잘하고 못하는 평가의 기본이 되지만 우리는 그 이상에 대해서는 망각하고 있는데 그것은 체육공부라는 것이 기술의 습득만을 의미하지 않음을 말하는 것이다. 그 무엇은 바로 도를 의미하며 체육의 의미라고 할 수 있다. 여기서 도는 덕을 의미한다. 달리 말하면 도의 체득은 다름 아닌 덕의 체득이다.

도와 덕의 관계에 대하여 살펴보면, 천지가 순환하고 만물이 생성

변화해 가는 '길 자체'가 도라면 덕은 그러한 길을 한 개체가 얻은 것, 곧 체득함이다. 도와 덕의 이러한 관계에 대해서 우리는 먼저 《도덕경》 51장을 왕필주와 함께 살펴볼 필요가 있다. "도는 생성하는 것이다. 덕은 쌓는 것이다. 사물은 형성된 것이다. 세는 이루는 것이다."란 구절에 대해 왕필은 다음과 같이 풀이하였다. "사물이 생성된 이후 길러지고 길러진 이후 형성되고 형성된 이후 이루어진다. 무엇으로 인해서 생성되는가? 도(道)이다. 무엇으로 인해서 길러지는가? 덕(德)이다. 무엇으로 인해서 형성되는가? 사물(事物)이다. 무엇이 그렇게 이루어지게 만드는가? 세(勢)이다."(老子翼, 王弼註 3卷 "物生而後畜, 畜而後形, 形而後成, 何由而生 道也, 何得而畜, 德也. 何由而形, 物也. 荷使而成, 勢).

59장에 '덕을 거듭 쌓는다(重積德).'라는 말이 나온다. 그러므로 덕은 결국 한 사물이 생성해 가는 길이 반복하여 자신에게 쌓인다는 의미가 된다. 왕필의 명확한 풀이로 볼 때도 한 사물이 이루어지기 위해서는 그 길이 거듭 그 사물자신에게 점점 쌓여가야 한다. 이것이 현덕인데 현덕에 관해 장자는 "태초에 무가 있었다. 있음도 없고 이름도 없었다. 그런데 하나가 생겨났는데 하나는 있지만 아직 형성되지는 않았다. 만물이 이 하나를 얻어 생성하는 것, 이것을 덕이라 한다. 또한 이것을 현덕이라 하고 큰 순응과 같다고 한다."라고 설명하였다.(天地, "泰初有無 有無無名 一之所起 有一而未形 物得而生 謂之德…… 是謂賢德 同乎大順).

덕을 체득한다는 것은 사람됨, 인간다움의 길을 간다는 것이다.

사람다움, 운동선수다움, 아버지다움이 바로 도의 체득이라고 설명할 수 있다. 이러한 의미에서 체육공부의 도는 어디서 찾을 수 있을까. 그 도의 목적은 사람됨, 인간완성, 인간형성의 길을 말한다.

또한 도를 체득한다는 말을 다른 말로 한다면 덕을 함양하는 것을 의미한다. 덕성의 함양은 덕을 체득한다는 의미를 내포하고 있다. 체육을 통해서 체득될 수 있는 덕의 내용은 인의예지의 습득이다. 이러한 맥락에서 도의 체득이 무엇을 의미하는가에 대해서는 다음의 글에서 찾을 수 있다.

> "노장의 개념으로 말한다면 도는 곧 덕의 문제이다. 덕으로 돌아간다는 노자의 궁극적인 수양의 목표도 그 형평의 질서를 자신 속에 구현하는 것이라고 할 수 있고, 같은 맥락에서 자아의 완성도 자아로 하여금 늘 그런 형평의 상태에 있게끔 하는 것을 의미한다고 정리해도 무방하다. 왜냐하면 그처럼 덕(德)을 끌어안고 화(和)를 길러 세상에 대해 순응하는 사람이 바로 최고의 인격체인 진인이기 때문이다."[26]

이처럼 체육공부를 하는 우리는 운동장이 혹은 예술가, 장자가 말하는 진인(眞人)이 될 수 있다는 말이다. 이들의 차이에 대하여 알아보자. 극장에서 영화간판을 그리는 사람은 영화 주인공을 실사하는 손재주로 간판을 그린다. 우리는 그를 예술가 혹은 화가라고 하지 않고 간판장이라고 한다. 왜 우리는 그런 사람을 화가 혹은 예술가

26) 박원재, 1996: 97-105.

로 평하지 않는가? 왜냐하면 그의 그림에는 어떤 사상이나, 관념의 표현도 들어 있지 않기 때문이다. 단지 그가 그린 그림은 손 그 자체를 사용한 전문적 기술로 그린 그림일 뿐이지 그 이상과 그 이하도 아니다. 반면에 화가의 그림은 개성과 독창성의 정신세계를 손을 통하여(도구) 표현한 것이다. 이에 관하여 오진탁은 다음과 같이 말하였다.

> "기술 쓰는 법은 마음으로 터득하는 것이지 단지 손놀림이나 몸동작만으로 익히는 것이 결코 아니며, 기술의 터득과 발휘는 몸이나 손의 간단한 움직임이 아니라 자기 존재 전체를 붙여놓는 마음의 문제라고 한다. 그래서 장자의 〈天道〉 편의 명공도 수레바퀴를 알맞게 깎는 것은 자기 자신이 직접 손으로 터득하고 마음으로 감응해야지 입으로 전할 수 있는 것이 아니라고 말한 바 있다. 이와 같이 기술의 터득은 당사자의 마음과 관련된 것이므로 마음으로 익혀야 한다."[27]

이와 같은 의미에서 운동선수 또한 기술의 습득만을 공부한다면 그도 역시 간판장이 같은 운동장이, 혹은 운동기계일 뿐이다. 왜냐하면 그에게는 마음의 문제가 별로 중요하지 않게 생각되기 때문이다. 체육 하는 사람들이 염두에 두어야 할 사실은 만약 체육공부가 단지 기술의 습득에만 머문다면, 체육인은 운동기계가 될 수밖에 없다는 것이다. 따라서 운동수행의 중요성을 인식하고 도의 체득, 즉

27) 오진탁, 1987: 335.

사람됨의 공부에 관심을 가져야 한다. 이러한 과정을 통해서 운동선수, 체육인은 인간다운 훌륭한 인간[聖人]이 될 수 있는 것이다. 이러한 맥락에서 브라질의 펠레와 아르헨티나의 마라도나의 비교를 통해서 쉽게 기의 습득과 도의 체득의 차이를 발견할 수 있다.

> "2000년 12월에 FIFA는 20세기 최고의 축구선수로 펠레와 마라도나를 공동수상자로 선정했다. 1970년 이탈리아 월드컵 결승전에서 펠레가 기도하는 자세로 터뜨린 헤딩 동점골과 1986년 월드컵 준준결승전 잉글랜드와의 경기 때 마라도나의 이른바 '신의 손'에 의한 득점은 이 둘 사이의 차이를 상징적으로 보여준다. 금지약물과 마약 복용으로 지금도 화제를 뿌리고 다니는 마라도나는 인간적으로 실패한 삶을 살고 있다고 봐야 할 것 같다. 반면에 펠레는 사업가로, 행정가로 이미 성공했고 대통령 출마설까지 나돌고 있다."[28)]

이상에서 살펴 본 바와 같이 체육을 행하는 데는 두 가지 의미가 있는데 그것은 기의 습득과 도의 체득이다. 만약 체육공부의 목적을 기의 습득에서 찾는다면, 몸의 기계적인 훈련과정을 통해서 얻게 된 기술의 완벽성과 신체의 탁월성의 완성에 불과하다. 이러한 예는 축구선수 마라도나의 예에서 알 수 있다. 기의 습득과 도의 체득이 함께 해야 하는 이유가 바로 거기에 있다. 따라서 체육공부는 기의 습득과 도의 체득의 합일이라고 할 수 있는데 여기서 말하는 합일은 사람됨을 의미한다.

28) 조선일보, 2001년 1월 4일자.

체육의 공부방법: 반성적 차원의 글쓰기

사람됨은 기의 습득과 도의 체득의 합일에서 가능하다. 이 말은 이론과 실천의 조화와 일치에서 사람됨에 다가갈 수 있다는 의미이다. 그렇다면 지금까지 살펴본 것과 같이 체육공부의 길이 사람됨이라면 이 길에 가까이 갈 수 있는 방법은 무엇인가? 그 방법은 반성적 차원의 글쓰기 혹은 인문학적 글쓰기에 해당한다. 인문학적 글쓰기는 자신의 내면적 체험세계를 잘 드러낼 수 있기 때문에 체육공부에 적합한 방법이다.

체육학을 다른 학문과 구분할 수 있는 방법은 운동자의 체험세계를 연구대상으로 하는 방법이다. 이 점에서 김정명은 삼자적 관점의 실증주의 연구방법보다는 운동자 자신의 관점에서 현장 속에서 이루어지는 질적연구 내지는 체험연구가 활성화 될 필요가 있다고 한다. 그 근거에 대하여 그는 다음과 같이 제시하고 있다.

> "체육학은 실기가 중요시되고 그것을 통하여 타주지학문과 차별화되는 이유는 바로 우리에게 운동자의 관점상 연구가 요구되기 때문이다. 그 구체적인 방법으로는 현상학적 체험연구법, 상징적 상호작용론에 입각한 접근법, 참여관찰, 사례연구, 심층면담, 민속학적 접근법 등 연구자의 의미 있는 체험을 바탕으로 연구될 수 있는 질적연구 방법들이 있고 그 타당성은 학문 공동체에서 이미 인정받고 있다."[29]

29) 김정명, 1995: 11.

이러한 질적연구 혹은 현상학적 연구방법들에서 요구되는 것은 자신의 현장이나 체험을 논리적으로 서술할 수 있는 글쓰기 능력이다. 이러한 글쓰기는 운동경험을 가진 이들에게는 쉽지 않은 일이다. 그 이유는 글쓰기에 대한 교육의 부족과 운동자들의 게으름이 그 원인일 것이다. 이 문제는 차후의 과제로 남겨놓고 이 글에서 해결해야 할 기의 습득과 도의 체득을 가능하게 하는 것은 다름 아닌 글쓰기이다.

사람됨의 공부를 위한 구체적인 방법을 찾는다면 아마도 기의 습득과 도의 체득을 함께 추구할 수 있는 방법들 중에 그 하나가 글쓰기일 것이다. 글쓰기란 자신의 행위를 돌아볼 수 있는 반성적 차원의 형태를 지닌 행위이다. 이러한 맥락에서 박기동은 몸의 교육인 체육, 그 중에서 체육인문학에서 글쓰기에 대하여 다음과 같이 제시하고 있다.

> "우리가 체험현장연구를 비켜갈 수 없다면 여기에 필요한 최소한의 글쓰기로부터 나온다고 생각된다. 그러므로 우리 체육인문학에서 이러한 실천적인 글쓰기의 시급한 적용이 필요하다고 나는 여기서 주장한다. 궁극적으로 몸의 길은 공부론으로 귀결되며, 따라서 몸의 교육학이 성립할 수 있는 것이다. 몸의 교육학이라는 운동장을 가로지르는 지름길은 글쓰기라고 할 수 있겠다."[30)]

30) 박기동, 1999.

이러한 글쓰기는 자신의 몸의 움직임의 길을 확장하는 것은 물론 사람됨의 길을 인식하는 차원으로 전이될 수 있을 것이다. 그렇다면 어떻게 글을 써야 하는가가 문제인데 이 점에 대해서는 다음의 글에서 찾을 수 있다.

> "체육에서의 참된 글쓰기는 스포츠체험을 통하여 진리를 체득한 운동하는 주체의 반성적 행위이며 사람됨의 지향활동이다. 이것은 이론과 실천의 통합적 행위이며, 살아 있는 우리(나)가 현실을 직시하고 그 속에서 대두되는 스포츠의 문제점을 발견하고 그것에 대하여 비판하고 대안을 제시하는 행위이다."[31]

글쓰기에 대하여 좀 더 알아보기 위해서 사르트르의 예를 살펴볼 수 있을 것이다. 그는 글쓰기에 대하여 글쓰기는 다시 쓰는 작업(다시 생각하고, 다시 고찰하고, 다시 인식하는 과정)이라는 복합적인 과정을 거쳐야 한다고 보았다. 특히 그는 글을 쓰고, 다시 쓰는 것이 어떻게 깊이 있는 글쓰기를 지향하게 되는지에 대해 다음과 같이 말하고 있다. "계속해서 고쳐 나가고, 의미를 중층적으로 쌓아 나아감으로써 본질적인 의미의 모호성은 유지한 채 어떤 진실을 드러나게 하는 것이다." 이와 같이 글쓰기는 일사천리로 단번에 이루어지는 것이 아니다. 글을 쓰고(개정하고, 편집하는 과정까지 포함해서), 다시 쓰는 과정은 오히려 하나의 예술품을 만들어 내는 예술적인 행위

31) 이학준, 1999.

32) 신경림 · 안규남 역, 1994: 175.

를 연상시킨다.[32)]

이상과 같이 진정한 체육공부를 위한 방법으로 글쓰기에 대하여 알아보았다. 여기서 말하는 글쓰기란 인문학적 글쓰기로서 개인의 운동경험에 대한 체험기술의 방법으로 글 쓰는 자신이 일인칭화법으로 읽기, 수상록, 운동일지 등 개인 중심의 글을 의미한다. 자유롭게 자신이 경험한 바를 활자화하는 작업이다. 이를 통해서 자신의 덕을 쌓는 반성적 행위를 수반할 수 있을 것이다. 그래서 사람됨을 위한 방법으로 글쓰기를 제시하고 싶은 것이다. 다음의 글에서 글쓰기의 목적을 알 수 있다. "글쓰기 혹은 자서전 쓰기를 통해 자신의 삶을 밀도화시키자는 것이다. 글쓰기는 삶을 수세에서 공세로, 수동성에서 능동성에로 전환시키는 탁월한 방법이다. 사회와 역사 안에서 자신의 삶과 존재를 돌보는 사람됨의 공부를 실천하자는 것이다."[33)]

결론

이 글에서 해결하고자 하였던 과제는 체육공부란 무엇인가였다. 이에 대하여 알 수 있었던 사실은 체육공부는 기의 습득 혹은 도의 체득, 어느 한쪽만을 의미하지 않고 모두를 의미한다는 것이다. 이와 같은 사실은 지금까지 우리가 해왔던 체육공부를 살펴보면 잘 알

32) 신경림 · 안규남 역, 1994: 175.

33) 이왕주, 1998.

수 있다. 우리는 단지 체육공부를 기의 습득이라고 이해하고 이를 공부하여 왔을 뿐이다. 이 같은 공부는 한마디로 말한다면 반쪽 공부에 지나지 않는다. 적어도 제대로 된 진정한 체육공부는 기의 습득과 도의 체득, 이 모두에서 찾아야 할 것이다.

우리가 체육에서 찾아야 하는 것은 경쟁을 통해 승리하고, 국위선양하고 자신의 명예를 얻는 차원에서 벗어나서 모두가 함께 더불어 즐겨야 한다는 생각을 가지고 체육을 통한 사람됨을 추구하는 데서 체육공부의 목적을 찾을 수 있어야 할 것이다. 그 방향이 체육공부의 핵심이며 중심체이다. 이러한 목적을 이루기 위한 구체적인 작업 중의 하나로 반성적 차원에서의 글쓰기를 제안하였다.

글쓰기는 일반적으로 자신의 행위를 돌아볼 수 있는 반성적 차원의 행위를 요구하기 때문에 체육공부에서 요구되는 글쓰기 형태는 일기 형식에 해당되는 것이 적당할 것이다. 왜냐하면 일기 형식의 글쓰기는 자신의 움직임에 대한 체험을 진솔하게 표현할 뿐만 아니라 자신의 행위를 돌아볼 수 있는 성찰의 형태를 지닌 행위로서의 글쓰기 종류이기 때문이다. 이러한 글쓰기는 움직임의 길뿐만 아니라 사람됨의 길을 인식하고 실천하는 차원으로 전이 될 수 있을 것이다.

결국 체육공부는 기의 습득 혹은 도의 체득 어느 하나를 가르치는 것이 아니라 양자를 함께 공부하는 것이다. 여기서 기의 습득은 몸의 성장을 지향하고 도의 체득은 인간 내면의 성숙과 개인의 인격함양을 지향하는 몸의 성숙에 해당한다. 여기서 도의 체득은 덕의 체득이라고 바꾸어 말할 수 있는데 덕은 사람됨을 의미한다.

체육공부는 사람됨 혹은 인간다움의 길에 대한 공부, 움직임의 길의 공부이며 깨달음의 공부이기도 하다. 이와 같은 체육공부는 현재의 체육이 '보다 빠르게, 보다 높게, 보다 강하게' 라는 이념에서 자기자리를 상실하고 있는 현재에서 제자리를 찾을 수 있는 방법 중 하나일 것이다.

이와 같이 체육공부는 체육적 앎과 삶에서 技의 習得과 道의 體得을 실천하는 데서 찾을 수 있을 것이다. 다음은 체육공부의 방향을 이해할 수 있는 글이다.

> "배움은 사람됨의 공부에서 시작해야 한다. 우리는 배운 만큼 달라지고 아는 만큼 변화할 수 있어야 한다. 앎 따로 삶 따로인 존재의 역사를 청산하지 않으면 안 된다."[34]

34) 이왕주, 1998.

4장

장자의 지미지락과 스포츠의 지속적 성장

장자는 사람의 이름이기도 하고 책의 이름이기도 하다. 누구나 알고 있지만 쉽게 《장자》라는 책에 접근하지 못하는 이유는 경전과 같이 닫힌 텍스트로 '장자'를 보기 때문이다. '장자'라는 책을 어떻게 보느냐에 따라 다르게 보이겠지만 삶의 문제를 아주 잘 전해주고 있는 책이다. 장자의 사유는 현실 비판적이고 은유적이라는 특성 때문에 상징적 표현과 우화적인 글을 통해 자신의 정신세계를 잘 드러내고 있다.

장자는 전국시대라는 혼란한 시대에서 공자의 유학을 정면으로 비판하면서 유학에서 강조하는 인의예지의 성심에서 벗어나 허심에 이르는 절대자유를 찾고자 하였다. 그는 직접적으로 미나 예술에 대하여 분명하게 무엇이라고 꼬집어 말한 적은 한 번도 없지만 도에 관한 그의 사상 속에서 예술정신을 발견할 수 있다. 장자라는 책 속엔 그가 말했던 여러 이야기 속에서 예술정신을 보여주는 내용을 찾을 수 있다. 특히 장자는 이야기 중심의 표현을 통해 그가 추구했던 예술(가)정신을 드러내고 있다.

장자가 전국시대의 혼란한 시대에 태어나 유교적 사고가 지배한 당시 상황에서 지배적인 사유에서 벗어나기 위한 해체적 사유를 추구하였다. 해체적 사유는 장자의 첫 장 〈소요유〉 편의 제목에 잘 들어난다. 소요유(逍遙遊)는 모두 놀이[遊]를 지칭하는 의미를 가지고 있다. 유(遊)는 자유로운 놀이이고, 거기에 지극한 아름다움과 지극한 즐거움의 심미적 경지가 반영된 예술정신이 그대로 드러나고 있다.

이 점에서 단지 서양미학 이론을 스포츠에 적용하고 연구하고 있는 현재의 스포츠미학의 입장에서 동양의 예술정신, 그 중에서 장자의 예술연구는 스포츠미학연구의 확장을 의미한다. 이미 장자와 노장의 예술정신과 미학연구에 관한 연구들은 철학에서 있었다.[35] 우리가 동양의 장자라는 고전에 주목하는 이유는 장자 이야기가 과거의 지혜로서 제한적이지 않고 현재에도 통용될 수 있는 지혜가 담겨져 있기 때문이다. 이 점을 다음의 글에서 확인할 수 있다.

> "무엇보다 중요한 것은 우리의 삶의 본문이고 노자, 장자가 우리의 삶에 대한 주석이라고 생각하는 일이다. 우리의 삶을 통해 읽어야지 고전을 억지로 읽으려 하거나 고전 속에 담긴 고원한 진리를 마치 신의 진리를 이야기하듯 전하는 것은 우리 시대에 적합한 노자, 장자 읽기가 못 된다……고전은 어려운 학적 이해의 대상 또는 종교적 대상

35) 권덕주, 1977; 장문호, 1985; 조민환, 1990, 1997; 이강수, 1997; 한홍섭, 1999; 박범수, 2000; 김태진, 2001; 박소정, 2001.

에서 탈피하여 이제 누구와도 대화할 수 있는 이야기의 대상으로 바꿔어야 한다. 그것이 바로 우리들의 노자와 장자 이야기를 만드는 일이고, 노자와 장자의 이야기에 귀 기울여 삶의 현장에서 그 이야기를 재생하는 비결이 될 것이다."[36]

앞의 글에서 보듯 장자는 닫혀 있는 경전이 아니라 열려 있는 이야기책이라는 것을 알 수 있다. 이처럼 장자를 삶에 대하여 이야기하는 책으로 보고, 삶의 지혜를 장자에서 발견하는 일이 우리에게 남아 있다. 특히 장자라는 책은 열려 있는 지혜의 보고이기 때문에 스포츠철학을 연구하는 저사의 입장에서 장자의 이야기에 귀를 기울이게 된다. 장자에서 스포츠의 지속적 성장의 길을 발견할 수 있을 뿐만 아니라 현대 스포츠의 문제에 대한 다양한 진단과 처방의 길 또한 찾을 수 있다. 전제조건은 우리가 열려 있는 마음의 자세로 열려 있는 이야기책으로 장자를 만나야 한다는 것이다.

이 글의 목적은 첫째, 장자의 예술정신을 찾아보고 둘째, 장자의 예술정신을 통해 스포츠의 지속적 성장의 길을 찾는 데 있다. 장자가 추구하였던 지극히 아름다움[至美]은 영원하고 본질적이며 절대적인 미이다. 이것은 텅 빈 고요한 마음에서 얻을 수 있다. 연구방법은 장자의 저서 '장자' 와 그의 철학에 대한 2차 문헌을 적절하게 인용하는 방법을 사용하였다. 연구절차는 우선적으로 장자의 예술정신이라고 할 수 있는 지미지락에 대한 기본적 개념을 검토하고, 장

36) 김시천, 2004: 150.

자의 지미지락과 스포츠에 대하여 알아본다. 이후에 장자의 지미지락과 스포츠의 지속적 성장에 대하여 탐구한다.

장자의 예술정신: 至美至樂

장자의 예술정신은 지미지락이며 무아(無我)의 예술정신으로 표현된다. 무아의 예술정신은 인칭적 자아를 잊고 비인칭적 자아에서 발현되는 자유정신을 뜻한다. 이를 달성하기 위한 방법은 성수반덕이다. 이는 몸과 마음을 닦아 덕에 도달하는 것이다. 그 닦는 수양공부는 심재와 좌망공부이며, 이는 잊는 것이다. 잊음을 통해서 빈 마음 혹은 텅 빈 마음상태에 들어가게 된다. 그러면 성심은 사라지고 허심이라는 상태의 마음에 이르게 된다. 명경지수처럼 맑은 마음의 거울을 통해 세상의 진상을 있는 그대로 볼 수 있게 된다. 이렇게 하여 인간의 덕과 하늘의 도가 합일하게 되어 자유정신이라는 예술정신을 가지게 된다. 그 예술정신은 노닒[遊]이란 문자에서 드러난다.

> "노닒[遊]이란 장자가 제시한 독특한 개념이다. 遊란 자연의 이치를 자각하고 스스로의 본성을 깨달은 인간의 삶 속에서 이를 적극적으로 실현해나가는 자유로운 경지를 의미하는 말로 장자철학의 궁극적인 목표이다. 이러한 자유로운 노닒의 경지에서는 인식대상과 인식주체 사이의 넘을 수 없는 구분이 해소되므로 창작과 감상이 일치하며, 대상에 깃든 생명력의 측면에서 말하는 아름다움과 주체가 그것을 받아들여 향유하는 측면에서 말하는 즐거움이 한데 어우러진다. 그런 의

미에서 인간이 도달할 수 있는 궁극적인 경지인 자유로운 노닒의 경지를 지극히 아름답고 지극히 즐거운 심미지 경지라고 말할 수 있다."[37]

지미지락은 지극한 아름다움과 지극한 즐거움이다. 지극한 아름다움이란 무엇인지, 지극한 즐거움이란 무엇인지 알 수 있다면 스포츠미학의 기초를 구성하는 미적 관조와 태도에 도움이 될 것이다. 지미지락은 도에서 노리는 소요유(逍遙遊)를 의미한다. 도에 어긋나지 않으면서 아름답고, 즐겁게 노는 것이 장자가 추구했던 예술정신이다. 이런 맥락에서 예술정신은 일종의 놀이정신이다. 잘 놀기 위해서는 예술정신이 필요하다는 것을 알 수 있다. 하늘의 도에 맞지 않는 놀이는 잘 노는 것이 아니다. 잘 놀기 위해서는 좌망과 심재 공부를 통해서 허심의 상태에 도달해야 한다. 그래야 잘 놀 수 있는 준비를 갖추게 된다. 이하에서 장자 이야기에 등장하는 일상적 인간들의 지미지락의 경지를 알아본다. 그 중에서 우선 〈양생〉 편에 나오는 포정 이야기에 대하여 알아보자.

"칼을 극히 미묘하게 놀리면 뼈와 살이 툭하고 갈라지는데 그 소리가 마치 흙덩이가 땅에 떨어지는 소리와 같습니다. 칼을 들고 일어서서 사방을 둘러보고, 잠시 머뭇거리다가 흐뭇한 마음으로 칼을 닦아 갈무리를 합니다. 문혜군이 말했다. 훌륭하다! 나는 오늘 포정의 말을 듣고 양생이 무엇인지 터득했노라."[38]

---

37) 박소정, 2001: 212.

포정이 이처럼 놀이로서 소를 대할 때 소가 본래부터 가지고 있던 본래의 모습, 하늘의 결[天理]을 훤히 볼 수 있었고 그에 따를 수 있었던 것이다. 하늘의 결, 즉 세상의 참모습, 도를 보기에 주체와 대상이 소외되지 않고 물화(物化)할 수 있었던 것이다. 결국 장자가 말하고자 하는 유(遊)의 경지는 바로 이렇게 하늘의 결을 따라 하늘의 놀이에 참여해 노는 것이다.[39] 유(遊)의 경지는 《장자》 내편의 〈소요유〉 편에 처음으로 등장한다. 잘 노는 경지가 바로 유의 경지이다. 천의 도에 따라서 규칙을 지키면서 노는 것이 잘 노는 것이다. 주체와 객체가 합일되는 놀이이다. 외물에 집착하면 주객이 합일되지 못하고 잘 놀지 못한다. 이 점을 아래의 글에서 확인할 수 있다.

> "활쏘기에서 기왓장이 상품으로 걸리면 기술을 다 할 수 있지만 은고리가 상품으로 걸리면 떨리고 황금이 걸리면 혼미해진다. 기술은 동일하지만 아끼는 마음이 있어 외물을 소중히 여기기 때문이다. 무릇 외면이 중시되면 내면은 궁색해지는 것이다."[40]

이처럼 외물에 사로잡히게 되면 성심의 상태에 빠지게 된다. 거울에 먼지가 가득 덮여서 세상의 도를 비추어 볼 수가 없는 것과 같다. 텅 빈 마음의 상태를 유지할 때 외물에 마음의 동요는 없고 명경지수와 같이 맑은 거울의 모습을 갖추게 된다. 이때 하늘의 도라는 거

38) 장자, 양생편: 강신주 역, 2003.
39) 김태진, 2001: 9.
40) 장자, 달생편: 기세춘 역, 2007: 383.

울에 비치게 되어 세상이 있는 그대로 보여진다. 활쏘기 역시 외물의 욕심이 마음을 차지하게 되면 활쏘기는 자유롭지 못하다. 자유롭게 활을 쏘기 위해서는 심재와 좌망공부를 통해서 텅 빈 마음을 유지해야 한다. 외물에서 흔들리지 않고 고요하고 맑은 마음의 상태를 가져야 한다. 이런 마음의 상태는 다음의 글에서 확인된다.

> "반드시 재계하여 마음을 고요히 하는데 재계 삼 일이면 모든 칭찬의 마음을 품지 않게 됩니다. 재계 오 일이면 문득 제가 사지와 형체를 가지고 있다는 것조차 잊습니다. 이런 때는 공실도 잊고 기술이 전일하고 외부의 어지러움이 소멸됩니다. 그런 경지가 된 연후 산림에 들어가면 나무의 천성과 재질의 지극한 것을 볼 수 있습니다. 그런 연후 편종 걸이의 완성된 모습이 눈에 나타납니다. 그런 연후에 손을 대고 그렇지 않으면 그만둡니다. 그런 즉 나무의 천성과 저의 천성이 합해집니다. 작품이 신기로 의심되는 까닭은 여기에 있을 것입니다."[41]

앞에서 장자에 등장하는 포정과 재경 이야기에 대하여 알아보았다. 이들은 무두 일상적 인간이지만 무두 장자에서 말하는 이상적 인간인 지인, 신인, 성인의 단계에 도달한 사람들이다. 이 모든 내용은 지미지락의 경지, 주객일치의 경지를 말해 주고 있다. 단지 技의 차원을 넘어서는 道의 차원에서 경지에 도달할 수 있음을 말한다. 도는 하늘의 도와 인간의 덕의 합일이다. 이를 통해서 천리를 따르는 지미지락의 경지는 드러난다. 장자의 예술정신은 지극한 아름다

41) 장자, 달생편: 기세춘 역, 2007: 391.

움과 지극한 즐거움 가운데 도에 맞추어 노는 것을 의미하기도 하며 자유정신, 도, 지미지락의 경지이기도 하다. 이하에서는 장자의 예술정신을 나타내는 지미지락에 도달하는 방법과 지미로서의 스포츠와 지락으로의 스포츠에 대하여 알아보고, 스포츠의 지속적 성장을 위해서 스포츠가 지향해야 할 길에 대하여 알아본다.

장자의 지미지락과 스포츠의 지속적 성장

장자는 예술에 대하여 말한 바 없다. 그 만큼 장자의 예술정신을 찾는 작업은 무모하기조차 하다. 하지만 희망은 있다. 장자 이야기 속에 여기저기 예술정신이라고 볼 수 있는 부분들이 산재해 있기 때문이다. 장자 이야기에 대한 이해를 통하여 예술정신을 알 수 있다. 장자의 예술정신을 구명하기 위한 방법으로 장자의 도에 대하여 존재론적 인식이 우선된다. 장자의 도는 생성하는 도이며, 고정불변의 도가 아니다. 자유정신을 의미하는 장자의 도는 예술정신을 의미할 뿐만 아니라 예술인이 지향해야 할 목표이기도 하다.

"절대자유에 이르기 위해 구체적으로 제시한 심재, 좌망 등 잊음의 방법도 놀이이고, 이 구체적인 방법을 통해 이르는 절대 자유의 경지 또한 놀이로서의 유의 경지인 것이다. 그때 이르는 유의 경지는 절대자유의 경지이며, 주체와 객체의 구분이 없어져 모두 하나 되는 물화의 경지인 것이다. 즉 유는 세상의 법칙이자 놀이의 규칙인 도를 따름으로써, 만물의 변화인 세상의 참모습을 보고 자신도 그 만물들과 하나가 되는 놀이인 것이다."[42]

앞에서 알아본 장자의 예술정신은 지미지락에서 노닒을 의미한다. 이하의 글에서는 스포츠에서의 지미지락을 찾아본다. 지미와 지락은 성심에서 벗어난 허심의 상태에 도달하는 경지이다. 이 경지에 도달하기 위한 방법은 심재공부와 좌망공부가 있다. 스포츠의 지속적 성장을 위해서 지미로서의 스포츠와 지락으로서의 스포츠를 추구해야 함에 대하여 알아본다.

1. 至美로서의 스포츠

장자는 즐거움을 人樂과 天樂으로 구분하였다. 인락은 인간적인 즐거움을 말하여 인간과 조화를 통해서 얻게 되는 것이다. 반면에 천락은 인간의 본성에서 저절로 우러나온 즐거움이며 자연과 조화를 이룰 때 나타난다. 이는 장자의 자연미와 조화미를 지적하는 것이다. 이강수에 의하면 장자의 심미관은 다음과 같다.

> "외형보다 본질을 중시한다. 세속적인 것보다 탈속을 귀하게 여긴다. 허정한 마음으로 사물의 본성을 직관할 수 있는 미적관조를 중시한다. 천지만물의 본체인 도와 개별 사물들의 본성인 덕에서 우러나온 소박미와 생동미, 조화미를 바람직하게 여긴다."[43]

지극히 아름다운 스포츠는 어떤 스포츠를 말하는 것인가? 경쟁과

42) 김태진, 2001: 9.

힘 그리고 스피드에 의존하지 않고 구속받지 않으면서도 멋진 장면을 연출하는 스포츠이다. 아름다움을 추구하는 스포츠는 수중발레, 다이빙, 리듬체조 등이 있다. 아름다움을 더 많이 표현해야 승리하는 스포츠이다. 단순히 힘과 스피드의 경쟁을 통한 승리가 아니라는 데 주목할 수 있다. 하지만 아름다움을 추구하는 미적스포츠 또한 행위자의 심적 상태에 따라서 추한 스포츠가 될 수 있다. 마음이 성심(成心)에 사로 잡혀 있다면 그것은 아름다운 스포츠를 하고 있지만 추하게 보여 진다. 반면에 결과와 승리의 집착에서 벗어난 허심의 상태에서 행해지는 스포츠는 아름다움을 더 드러낼 뿐만 아니라 스포츠 본질에 가까운 형태로 아름다운 스포츠의 모습을 보여준다. 이 점에 대하여 조성식은 다음과 같이 말한다.

"스포츠가 신체적인 특성에 기초하는 한 '보다 빠르게, 보다 높게, 보다 강하게' 란 본질은 유지된다. 그러나 스포츠를 통한 인간 신체의 조형미와 신체 기술의 예술적 구현을 도모하는 '보다 아름답게' 도 중요한 스포츠 본질로 간주되어야 한다……. 여성스포츠의 가치를 높이 평가하고 스포츠 세계의 중요한 요소로 보다 아름답게라는 스포츠 본질은 간과될 수 없다. 단순한 힘겨루기는 무력에 불과하고, 단순한 스피드 겨루기는 경주에 불과하다. 힘과 스피드를 이용하더라도 다양한 기술의 응용과 조화로운 몸의 균형 등 보다 아름답게라는 요소가 충분히 적용되어야 한다. 스피드를 높이는 데도 몸의 균형을 유지

43) 이강수, 1997: 270.

하고 힘을 적절히 사용하는 조형적 요소가 고려되어야 하기 때문에 보다 아름답게는 모든 스포츠의 중요한 본질이 되고 있다."[44]

스포츠는 잘 노는 것이지 잘 싸우는 것이 아니다. 싸우는 것은 전쟁이지 놀이로서 스포츠는 아니다. 잘 놀기 위해서는 어떻게 해야 하는가 그 방법은 도에서 노는 것이다. 이 말은 도에서 소요유 하는 것을 의미한다. 마음을 비우고, 모든 세속적인 것들을 잊고 도에서 노는 것이다. 결국 집착과 소유 그리고 욕망을 해체하고 빈 마음을 가져야 한다는 것을 의미한다. 승리, 기록, 결과에 대한 욕망에서 나를 잊는 공부가 필요하다. 그러기 위해시는 힘과 경쟁 그리고 스피드를 강조하는 스포츠에서 아름다움과 즐거움을 강조하는 스포츠에로의 전환이 요구된다. 지극히 아름다운 스포츠는 지극히 즐거운 스포츠이기도 하다.

2. 至樂으로서의 스포츠

지락으로서 스포츠는 승리, 기록, 결과 등의 외물에 의해서 즐거움이 좌우되는 것이 아니라 스포츠 그 자체의 몰입과 자기 주도적인 신체활동 속에서 찾을 수 있다. 1등을 하지 못해도 즐거울 수 있고, 좋은 기록을 내지 못해도 즐거울 수 있고, 결과가 나빠도 즐거울 수 있는 것은 외부의 보상에서 찾지 않고 내부의 마음의 상태에서 즐거움을 찾을 때 가능하다. 지극한 즐거움은 외물에 따라오는 즐거움이

44) 조성식, 2003: 254.

아니라 허심의 상태에서 찾을 수 있는 즐거움이다.

> 사람은 즐거워하는 것을 기꺼이 한다. 고통을 가져다주는 것은 피한다. 어렸을 때 하는 스포츠는 정말로 즐겁고, 긍정적이고, 많은 것을 가져다주는 경험이 되어야 한다. 하지만 정말로 뛰어난 재능을 가진 어린 선수들이 감독의 지나친 주문을 견디기 힘들어 하고, 부모를 기쁘게 해드려야만 한다는 것을 염려하는 사태가 너무도 빈번하다. 내가 감독이라면 난 우리 선수들이 즐거워하길 바랄 것이다. 선수들이 스스로 열성적이고 최선의 노력을 다하기를 원할 것이다. 스스로 향상되고 있다고 느끼며, 결과보다는 과정을 더욱 중요시하기를 바랄 것이다.[45]

앞의 글은 이 땅의 운동문화에서도 통용되는 모습이다. 전문선수들은 과연 스포츠에서 얼마나 즐거움을 경험하고 있을까? 승리와 기록만을 위해서 스포츠를 하기 때문에 즐겁지 못하다. 또한 스포츠를 자신의 삶을 영위하는 수단으로 생각하고 있기 때문에 즐겁지 않다. 그렇게 즐겁지 않아도, 고통스러워도 참고 계속 운동을 한다. 즐거움은 사라지고 맹목적으로 기계적인 행위만을 하게 된다. 즐겁지 못하다고 그만둘 수 없다. 어려서부터 스포츠만 해왔기 때문에 스포츠를 그만두면 할 것이 없다. 막연한 두려움 때문에 즐겁지 못해도 스포츠를 계속할 수밖에 없다. 이것은 스포츠 하는 즐거움의 상실이여, 스포츠를 하는 의미의 상실이다. 그럼 스포츠는 뭘까?

45) 최의창 역, 2004: 131.

스포츠는 규칙, 대근활동, 경쟁, 즐거움으로 구성되어 있다. 이 중에서 어느 한 가지라도 빠지면 스포츠라고 할 수 없다. 즐거움은 스포츠를 하는 중요한 요소임에는 틀림없다. 사람들이 스포츠에 빠져드는 것 역시 스포츠의 즐거움이라 할 수 있다. 스포츠의 즐거움은 다양하지만 그 중에서 지극한 즐거움은 과연 무엇인지 궁금하다. 저자는 이전의 연구에서 스포츠의 즐거움을 스포츠 삼락으로 규정하고 쾌락, 희락, 열락으로 규정지어 정의 내린 바 있다. 특히 열락을 가장 즐거운 형태로 간주하였고, 이를 지향해야 한다고 강조한 바 있다. 그 열락은 깨달음의 즐거움으로 나를 잊는 망아, 오상아의 경지에서 얻을 수 있는 것이다. 지금 스포츠에서 추구되는 즐거움이 과연 지락으로서 스포츠인지 알아보자.

오늘날 세속에서 행하는 쾌락에 대해 나는 그것이 과연 즐거움인지 또는 아닌지 알 수 없다. 내가 보기에는 세속의 쾌락은 군중의 손짓을 따라 죽도록 달리며 그칠 수 없는 것 같다. 그러면서 모두들 즐거움이라고 말하지만 나는 그것이 즐거움인지 또는 즐거움이 아닌지 알지 못한다. 그렇다면 과연 즐거움은 없는 것인가? 나는 무위만이 진실로 즐거운 것이라고 생각한다. 속세는 크게 고통스런 곳이다. 그러므로 지극한 쾌락은 즐거움이 없고 지극한 영예는 기림이 없다고 하는 것이다. 천하에 시비는 정할 수 없다. 그렇지만 무위만은 시비를 정할 수 있다. 지극한 안락은 몸을 살리는 것이며 오직 무위에서만 있을 수 있다.[46)]

지극한 즐거움은 무위에서 가능하다. 스포츠 세계에서 경험하게 되는 즐거움은 무아의 경지이며, 물아양망, 주객합일, 물아일치, 대상과 주관이 하나 되는 물화의 상태에서 인지하게 된다. 즉 기록이나 승리라는 욕심에 의해서 가려진 성심의 상태에서 이 모든 것을 좌망과 심재를 통해서 사라지게 한 이후에 도달하게 되는 움직임의 즐거움을 경험하게 된다. 자전거를 탈 때 자전거와 내가 하나가 되지 못하면 자선거는 넘어지고 만다. 승마에서 말과 내가 합일하지 못하면 말과 나의 욕구가 충돌하여 낙마하게 된다. 자전거와 승마는 떨어지면 즐거움을 경험하지 못한다. 일단 탈 수 있어야 즐거움을 얻을 수 있다.

선수의 우승에 대한 욕망과 함께 상실될 수 있는 것은 움직임의 즐거움 속에서 얻을 수 있는 어떤 미감의, 감각적인 즐거움이라고 했다. 관람자보다는 수행자의 입장에서 그는 경쟁강도는 행동이 초점을 제공하고, 그것이 우승의 선행 조건이 된다고 주장하면서 이러한 강도는 화가나 음악가 혹은 무용가들의 강도와는 달리 궁극의 수행을 추구하고 완전을 찾음에 있어서 선수의 기술을 완벽하게 한다고 설명했다. 경쟁의 강도 여하에 따라서 배우나 선수는 그들의 모션에 전적으로 집중함으로써 단 한순간에 정점에 도달할 수 있고 수년간의 트레이닝의 시간을 한 개의 그릇 속에 농축하는 것이다.[47]

지락으로서 스포츠는 신체 활동적 욕구의 충족을 통해서 얻게 되는 쾌락도 아니요, 목적을 달성해서 얻을 수 있는 성취욕도 아니다.

46) 장자, 지락 편, 기세춘 역, 2007: 366.

깨달음의 즐거움이 표현되는 열락이다. 이는 장자에 의하면, 기교의 숙련을 거쳐 도의 경지에 오르는 기진호도의 방법을 통해 얻게 되는 즐거움이다. 형이하학의 기교의 숙련과정을 거쳐서 형이상학의 도의 경지에 이르게 된다. 이때 神의 경지에 놓이게 되고 천리(天理)와 교감하게 된다. 그 가운데서 자연미를 보여주는 아름다운 동작은 표현되고 내적으로는 지극한 즐거움을 경험하게 된다.

> "진정한 아름다움[至美]은 도(절대미)의 관조에서 나오는 것이며, 지극한 즐거움[至樂]은 이러한 진정한 아름다움에서 비롯되는 것이다. 그러므로 세상의 천박하고 변화무상한 일시적인 미나 그와 관련된 감각이나 관능만을 자극하는 즐거움은 참된 즐거움이 될 수 없다. 즉 절대미[道]를 관조할 수 있는 정신 경계에서만이 지극한 미를 느끼며, 또한 진정한 즐거움도 마음껏 누리게 된다. 이는 또한 위대한 예술의 중요한 내용이자 효과이기도 하다."[48]

지미와 지락은 아무런 관련성이 없는 것처럼 보이지만 그것은 표현상의 차이일 뿐이다. 지미는 겉으로 나타나고, 지락은 속으로 경험하게 된다. 지락은 내적 아름다움의 울림이다. 이것이 겉으로 표출된 것이 지미이다. 그래서 지미와 지락은 겉과 속으로 하나임을 알 수 있다. 지극히 아름다움 것은 지극히 즐거운 것이다. 이런 의미에서 지미지락은 같다고 볼 수 있다. 그렇다면 지미지락의 방법으로

47) 이진수 역, 1995: 172.

48) 한흥섭, 1992: 191.

서 심재와 좌망에 대하여 알아보자.

3. 지미지락의 방법: 心齋와 坐忘

장자에 따르면 천지만물의 근원은 도이고, 사람의 근원은 덕이다. 성품을 닦아 덕을 되찾는 것이 목표이다. 그 덕은 허심(虛心)이라는 허의 지극한 상태에서 얻게 된다. 장자의 성심에서 벗어나 허심을 도발하는 방법은 심재와 좌망에서 찾을 수 있다. 심재는 마음을 닦아 정결하게 하고 허령하게 하는 공부를 말한다. 이 공부는 감관에서 심으로, 심에서 기로 점차 깊어지는 과정을 보여준다. 이때 기는 포정해우의 이야기에서 말한 神처럼 마음의 심층에 있는 정신이다. 심재에 대하여 알아보자.

> "너의 의지를 전일하게 하라, 귀로 듣지 말고 마음으로 듣도록 하고, 마음으로 듣지 말고 귀로 듣도록 하라. 귀는 소리를 듣는 데 그칠 뿐이고, 마음은 표상된 관념에 맞추어 보는 데 그칠 뿐이다. 기라는 것은 허하여 물을 기다리는 것이다. 오직 도는 허한 상태에서 모인다. 허의 상태를 유지하는 것이 심재이다."[49]

마음을 비운다는 것은 선입견과 인칭적 자아에서 고정된 마음을 버리는 것을 의미한다. 우리의 마음은 온갖 감관에 의해서 길들여져

49) 장자, 인간세; 기세춘 역, 2007: 120.

있다. 꽉 채워진 마음은 다른 것이 비집고 들어가지 못하게 한다. 그것이 극에 달하면 아집이라는 고집불통이 되기 때문에 타자를 수용하지 못하고 단절하는 소통부재의 결과를 가져온다. 심재는 마음을 재계하는 것이다. 모든 아집을 버리고 열려 있는 상태의 마음을 유지하는 것이 허심의 마음이다. 비워야 채울 수 있고, 비워야 받아들일 수 있는 이치다.

좌망은 좌치와 반대되는 말이다. 좌치는 허의 상태에 머물지 못하는 것을 말한다. 그러므로 좌망이 궁극적으로 지향하는 것도 심재와 같다고 할 수 있다. 하지만 표현되고 있는 내용에만 국한시킨다면 심재가 종합적임에 비하여 좌망은 부분적이라는 차이가 있다. 여기서는 다만 감성인식과 이성 인식을 버리라는 부정적인 주장만 개진되고 있을 뿐 심재에서 보듯이 그 이상의 경지에 대한 긍정적인 언급이 없기 때문이다. 사지와 몸을 허물어 버리고 일체의 감각기능은 배제하라는 것과 형체를 떠나고 지식을 버리라는 말은 동어반복이다. 사지와 몸의 허물을 버리는 것이 곧 형체를 떠나는 것이고, 일체의 감각기능을 배재하는 것이 곧 지식을 버리는 것이다.[50] 이 말은 장자의 〈대종사〉 편의 공자와 안회의 대화에서 잘 드러난다.

> "안회가 물었다. 저는 진전이 있었습니다. 공자가 물었다. 무엇을 말하는가. 안회가 답했다. 저는 인의를 잊었습니다. 공자가 말했다. 잘 했다. 그러나 미진하다. 뒷날 안회는 다시 공자를 뵙고 말했다. 저

50) 박원제, 1996: 127.

는 진전이 있었습니다. 공자가 물었다. 무슨 진전인가? 안회가 답했다. 저는 예악을 잊었습니다. 공자가 말했다. 잘했다. 그러나 미진하다. 뒷날 안회는 다시 공자를 알현해 아뢰었다. 진전이 있었습니다. 공자가 물었다. 무슨 진전인가? 안회가 답했다. 저는 좌망에 들었습니다. 공자는 움찔하면서 말했다. 좌망이란 무엇을 말하는가? 안회가 말했다. 육신을 벗어나 총명을 물리치고 형체를 떠나 지혜를 버리고 큰 통철함에 대동함을 일러 좌망이라 합니다. 공자는 말했다. 대동하면 호오가 없고 조화하면 상집이 없으리니 과연 진실로 어질도다. 나도 네 뒤를 따르고 싶다."[51]

이처럼 심재와 좌망은 인간의 감성과 이성을 통하여 갖게 된 물질적 욕망과 과학적 지식에 의한 아집 의식에서 벗어나는 일종의 열린 마음의 상태이다. 우리의 마음은 시비, 차별, 이해, 득실 등의 관념으로 가득 채워져 있다. 빈틈이 없는 마음은 무엇을 수용하려고 하지 않는다. 이 때문에 타자와의 소통이 어렵고 주체의 변형 또한 힘들게 된다. 열린 마음을 가질 때 새로운 길과 만날 수 있고, 주체의 변형을 할 수도 있다.

장자의 심재와 좌망은 허심의 상태에 도달하기 위한 방법이다. 심재와 좌망을 통해 얻게 되는 경지는 허정한 마음과 물아양망(物我兩忘)의 경지이다. 차이점은 앞에서 말한 것과 같이 종합과 부분의 차이이다. 욕망을 추구하는 존재로서 인간이 욕망과 지식에서 벗어난

51) 장자, 대종사; 기세춘 역, 2007: 182.

상태를 도달하는 데 심재와 좌망이 요구된다. 과도한 욕망에 이끌려 본래적인 자기를 상실할 수 있기 때문에 허심의 상태가 필요하다. 허심에서 지미지락의 스포츠가 시작된다.

4. 스포츠의 지속적 성장

앞에서 스포츠가 지속적 성장을 하기 위해서는 지미지락으로서 스포츠의 길을 가야한다는 것을 알아보았다. 지미지락의 심미경지는 노닒에서 찾을 수 있는데 노닒은 도에 따라서 노는 것을 의미한다. 규칙을 지키며 노는 일종의 놀이정신이다. 현대 스포츠가 잊고 있는 것은 기록, 승리라는 외물에 집착한 나머지 놀이정신을 잃고 있다는 것을 알 수 있다. 잊어야 하는 것은 기록에 대한 집착과 강박관념인데 현실은 그렇지 못하고 있다. 우리가 찾아야 하는 것은 지극한 아름다움으로서 스포츠이다.

스포츠가 예술이냐, 혹은 아니냐 하는 논쟁에서 스포츠가 예술이 아니라는 입장에서 주장하는 내용이 있다. 특히 스포츠와 예술의 다른 점을 언급하고 있는 스포츠철학의 문헌에서는 항상 세 가지의 중요한 요소가 보인다. 스포츠의 경쟁적 특성, 기술적인 효율은 존중하나 스타일, 우미, 형태에는 관심을 기울이지 않는 것, 과정이나 주위의 상황에 대해서는 관심과 주의를 가지지 않고 결과만을 추구하는 선수의 동기가 그것이다.[52]

52) 이진수 역, 1995: 170.

이처럼 스포츠가 경쟁, 효율성, 결과에 집착하기 때문에 예술이 될 수 없다는 비판은 설득력을 갖는다. 경쟁, 기록, 결과에만 집착하면 할수록 도핑, 폭력, 오심 문제 등은 사라지지 않고 계속 나타날 수 있기 때문이다. 이로 인하여 스포츠가 비난의 대상이 될 수 있다. 이 문제를 해결하지 않고는 스포츠가 지속적 성장을 할 수 없다. 왜냐하면 기록과 경쟁만을 강조하면 인간을 혹사하거나 기계화, 비인간화할 수 있기 때문이다. 이런 성심(成心)에 의해 인간을 물신화해서 지배하고 착취한다. 이러한 조건에서 벗어나는 것은 아름답고 즐거운 스포츠를 하는 길뿐이다.

또한 스포츠가 직면할 세기의 위험은 산재해 있다. 스포츠 역사에서 스포츠가 금지된 경우를 살펴보면, 종교적 이유, 차별적 이유 그리고 환경적인 이유를 들 수 있다. 먼저 종교적 이유에 대하여 알아보자.

> "로마제국 말기와 중세에 접어들면서 몇몇 신학자들이 운동, 유희 그리고 스포츠에 대한 필요성을 인정한 것을 제외하면 대부분의 성직자들은 체육에 대한 무관심과 부정적인 태도를 취하였다. 그리하여 각종 신학교의 교육과정에서 많은 스포츠와 경기는 삭제를 당하였다. 초기 기독교에서 체육을 반대한 근거는 스포츠행사에 이교도의 황제숭배의 성격을 띤 전통에서 비롯된 것이다. 그리고 신체활동이 영혼의 구제에 별 도움이 되지 않고 오히려 사악한 측면을 얻게 된다는 우려에서 반대한 것이다."[53)]

이처럼 중세시대를 지배한 기독교적 세계관으로 인하여 금욕주의가 제기되었을 뿐만 아니라 이 때문에 신체활동을 금지하게 되었다. 성차별적 이유 때문에 근대올림픽의 여성 참여와 신체활동에 대한 억압과 통제가 있었다. 지금은 스포츠가 환경파괴의 주범으로 인식되고 있다. 인간에게서 직접적으로 유용한 것을 생산하지 못하고 환경만 파괴하고 있다는 비판이 제기된다. 스포츠의 '보다 빠르게, 보다 높게, 보다 강하게' 등은 스포츠의 지속적인 발전성이 떨어지는 본질적 요소이기 때문이다. 스포츠의 지속적 성장을 위해서는 제한이 없는 지극히 아름답고, 지극히 즐거운 스포츠를 지향해야 한다. 이점에 대하여 다음의 글을 주목할 필요가 있다.

> "힘과 스피드는 인간의 한계가 존재하는 영역으로 '보다 빠르게, 보다 높게, 보다 강하게' 는 결국 제한적이다. 그러나 '보다 아름답게' 는 인간의 창의성에 기초하기에 인간의 끊임없는 도전이 이루어지는 무한의 영역이다. 이제 가장 중요하고 의미 있는 스포츠 본질로서 '보다 아름답게' 를 추구하는 것이 여성스포츠에서는 물론 남성스포츠에서도 전개되어야 하고 가장 중요한 스포츠의 가치로 인식되어야 한다."[54]

스포츠가 빠름과 기록만을 추구하게 될 때 스포츠는 의미를 상실하게 될 가능성이 높다. 의미추구 없는 결과적으로 들어나는 기록에 집착하게 될 때 인간의 마음은 안정과 평화를 찾기보다는 거친 마음

---

53) 노희덕, 1999: 92.

54) 조성식, 2003: 256

을 가지게 될 수 있다. 스포츠를 하는 궁극의 목적은 외면하고 표피적인 쾌락과 기록 그리고 빠름만이 스포츠의 전부가 될 위험성을 갖는다. 그것은 스포츠문화를 빈곤하게 하는 요인들이다. 현대 스포츠에서 잃고 있는 아름다움과 즐거움을 현대 스포츠는 찾아 나서야 한다. 그것이 스포츠문화를 풍요롭게 하고 지속적인 성장을 도모할 수 있는 길이다.

결론

이상과 같이 장자의 예술정신은 지극한 아름다움과 지극한 즐거움 속에서 노는 것을 의미한다. 여기서 지미지락은 심미경지를 뜻하고 그 경지를 노닒[遊]에서 발견할 수 있다. 잘 놀기 위해서는 심재와 좌망이란 수양공부가 필요하다고 장자는 말한다. 심재와 좌망은 일종의 잊음의 공부이다. 잊음의 공부는 마음을 거울처럼 맑은 빈 마음, 즉 허심의 상태에 도달하게 하는 공부이다. 이때 세상 만물이 거울에 반영되어 세상을 있는 그대로의 모습으로 받아들이게 되어 자유로운 놀이를 하게 된다. 놀이는 규칙을 가지고 있다. 규칙 없는 놀이는 없다. 장자의 놀이 역시 규칙이 있다. 그 규칙은 道이다. 세상의 도라는 규칙을 지키며 놀게 될 때 자유로운 놀이를 하게 된다.

시인 천상병은 〈귀천〉이라는 시에서 산다는 것을 소풍놀이에 비유하였다. 학창시절의 소풍은 학생들에게 일종의 설렘과 기다림의 시간이었다. 획일적이고 통제되어진 학교생활은 자유와는 너무 단절되었기 때문에 학생들은 학교 밖을 동경한다. 학교 밖으로 나가는 길은 소풍 이외에는 다른 무엇이 없었기 때문이다. 소풍은 잘 놀아야 한다는 생각이 지배적이다. 왜냐하면 오랫동안 학창시절의 아름답고 즐거운 기억으로 간직해야 하기 때문이다. 소풍이 끝나면 말없이 잊고 떠나야 한다. 그것이 운명이고 죽음을 향한 존재의 끝이다. 다음은 천상병 시인의 〈귀천〉이라는 시이다.

나 하늘로 돌아가리라.
새벽빛 와 닿으면 스러지는
이슬 더불어 손에 손을 잡고

나 하늘로 돌아가리라.
노을 빛 함께 단둘이서
기슭에서 놀다가 구름 손짓하며는,

나 하늘로 돌아가리라.
아름다운 이 세상 소풍 끝내는 날,
가서, 아름다웠더라고 말하리라......

위의 시에서 산다는 것도 놀이이고 스포츠 하는 것도 놀이라는 것을 알 수 있다. 하지만 현대 스포츠는 승리지상주의로 인하여 놀이정신이 사라져 가고 있다. 놀이정신이 사라진 스포츠는 기계적인 반복의 행위에 불과하다. 놀아도 잘 놀아야 된다. 잘 노는 것은 지극한 아름다움과 지극한 즐거움[至美至樂]의 심미적 경지를 체험하는 것이다. 그 至美至樂은 허심의 상태에서 심재공부와 좌망공부를 통해서 도달 가능하다. 그 공부가 끝나면 道(자유정신)에서 잘 놀 수 있게 된다. 그래야 지상의 소풍놀이에서 잘 놀 수 있고, 소풍이 끝나면 귀천할 수 있게 된다.

소풍놀이 중에 하나가 스포츠이다. 스포츠를 아름답고 즐겁지 못하게 하는 것이 바로 집착과 아집이다. 꼭 이겨야 한다, 꼭 기록을 내야 한다는 마음이 스포츠를 아름답거나 즐겁게 하지 못하게 한다. 스포츠의 지속적 성장 역시 현재와 같이 빠름과 강함 그리고 기록에 구속되어서는 미래를 기대할 수 없다. 과거에도 종교적 이유와 정치적 이유, 성차별적인 이유 때문에 금지된 일이 있었었다. 스포츠의 지속적 성장을 위하여 우리는 스포츠가 아름다움과 즐거움을 지향해야 한다는 평범한 진리를 장자철학에서 발견하게 된다.

장자철학에서 얻은 핵심은 '잊고 놀자' 혹은 '잘 놀다 가는 것' 이라는 말이다. 지상의 소풍놀이에서 '잊고 잘 놀다' 가는 것이 인간의 삶[人生]이다. 잘 놀 수 있는 놀이터가 비일상적인 스포츠세계이다. 우리는 훌륭한 놀이터를 가지고 있다. 남은 것은 잘 놀면 되는 것이다. 이 놀이터에서 지극한 아름다움과 지극한 즐거움 가운데 노닐 때 장자가 말하는 至人이 될 수 있다. 그리고 스포츠의 지속적 성장도 기대할 수 있다. 결과, 승리, 기록에 대한 강박관념을 버리고 아름다움과 즐거움의 스포츠에서 노닒이 우리에게 필요할 때이다.

5장

맺음말

장자의 장자를 읽는 것은 즐거운 경험이었다. 책을 읽는 동안과 읽은 후에도 느끼게 되는 것은 분량에 비하여 많은 것을 얻게 된다는 것이다. 뿐만 아니라 장자는 어른들이 읽는 동화책이라는 강한 인상을 가지게 되었다. 동화책은 어린이에게만 필요한 것이 아니라 어른들에게도 역시 필요하다. 어른을 위한 동화책을 발견하기가 어렵기 때문인지 동화책은 수순한 마음을 갖게 한다. 어른들이 제일 필요한 순수한 마음을 다시금 찾게 해주는 책이다. 저지 역시 아들에게 잠자기 전 동화책을 읽어 주면서 알게 모르게 새로운 느낌과 지혜를 깨닫고 있다. 너무 길지 않은 짧은 이야기로 구성되어 있기 때문에 읽기에 부담이 없다. 또한 읽으면서 생각하고, 읽은 후에는 잔잔히 가슴속에 울림이 남는다는 장점이 있다.

온갖 사상이 대결하던 춘추전국시대에 노동자를 대변한 장자철학은 지금도 어려운 삶을 살아 가고 있는 사람들에게 위안이 된다. 장자의 책에 장애를 가진 사람들이 많이 등장한다. 그렇기 때문에 장자는 옛날 이야기책만이 아니라 현재 살아 있는 현재진행형의 책이다. 인간이 살았던 과거의 삶의 문맥과 지금의 문맥이 거의 다르지 않다는 것을 알 수 있다. 장자는 보통 사람들, 특히 장애를 가진 사람들이 이야기의 주인공이기 때문에 현재를 살아가는 소시민들에게 공감을 얻을 수 있다.

스포츠철학을 전공하고 있는 저자의 입장에서는 장자를 읽으면서 스포츠를 생각하지 않을 수 없었다. 현대 스포츠를 장자의 눈으로 읽는 시도를 하였다. 그 결과 스포츠문화, 체육의 공부론, 스포츠의 지속적 성장의 문제, 스포츠의 자세에 대한 혜안을 얻을 수 있었다. 현대 스포츠문화에 대항하는 스포츠반문화의 필요성을 확인할 수 있었다. 빠름, 기록, 세기만을 지향하는 현대 스포츠문화는 느림과 감동, 의미를 찾는 스포츠문화가 요구됨을 성찰할 수 있었다. 장자는 스포츠철학의 전공자에게나 다른 모든 분야의 사람들이 삶의 지혜와 대안을 찾을 수 있는 보물단지라는 생각을 지울 수 없었다.

장자의 소리에 귀 기울여 경청하다 보면 다음과 같은 울림을 들을 수 있다. "모든 것을 잊고 스포츠를 즐겨라." 하는 말이다. 무엇인가 순간 집중을 통해서 몰입하는 가운데 잊고 노는 자세가 필요하다는 울림을 거듭 생각하게 된다. 일상세계에서 스포츠를 즐기는 우리는 승패에 몰두하는 전문운동선수와는 분명히 다르다. 다른데도 운동선수를 의식하며 닮아 가려고 몸부림치고 있다. 스포츠는 그냥 그 자체로 즐기면 되는 것이다. 장자가 말한 '잊고 노닒[遊]'의 자세가 절실히 요구된다. 기록, 승리, 경쟁, 결과에 대한 강박관념에서 벗어나는 잊음이 필요하다. 타자의 시선을 의식하지 않고 잘 놀 수 있는 것이 지금 스포츠를 하는 인간에게 필요한 것이다.

참고문헌

제1장

김교빈,이현구(1993). 동양철학에세이. 서울: 동녘.

김용옥 역(1989). 노자: 길과 얻음. 서울: 통나무.

김용옥(1989). 노장철학 이것이다(上). 서울: 통나무.

김용옥(1999). 노자와 21세기(上,下). 서울: 통나무.

김충렬(1995). 김충렬 교수의 노장철학 강의. 서울: 예문서원.

오진탁 譯(1990). 감산의 노자풀이. 서울: 서광사.

박이문(1980). 노장사상. 서울: 문학과 지성사.

이강수(1997). 노자와 장자: 무위와 소요의 철학. 서울: 길.

이진수(1999). 체육에서의 몸닦기. 서울대 체육연구소논집. 19(2).

이호근(2003). 스포츠문화: 훔쳐야 사는 사회. 움직임의 철학: 한국체육철학회지. 11(1).

중국철학회(1997). 현대의 위기 동양철학의 모색. 서울: 예문서원.

최의창(1999). 체육의 역연금술. 서울: 태근.

제2장

莊子

강신주(2002). 장자철학에서의 소통의 논리: 장자 〈내편〉을 중심으로. 미간행 박사학위 논문 연세대학교 대학원.

강신주(2003). 장자: 타자와의 소통과 주체의 변형. 서울: 태학사.

강신주(2004). 장자의 철학. 서울: 태학사.

기세춘 역(2007). 장자. 서울: 바이북스.

김충렬(1995). 노장철학강의. 서울: 예문서원.

김현수(2005). 장자철학에서 심과 고립과 소통. 철학, 사상, 문화. 2. 동국대 동서사상연구소. pp.171~187.

김형효(1999). 노장사상의 해체적 독법. 서울: 청계.
김형효(2004). 사유하는 도덕경. 서울: 청계.
박원재(1996). 도가의 이상적 인간상에 대한 연구. 미간행 박사학위논문. 고려대학교 대학원.
안동림 역(1993). 장자. 서울: 현암사.
오강남 역(1999). 장자. 서울: 현암사.
이동철 외(2005). 소통. 21세기의 동양철학. 서울: 을유문화사.
이강수(1982). 장자의 자연과 인간의 문제. 미간행 박사학위논문. 고려대학교 대학원.
이강수(1994). 장자의 자족적 인생관. 인문과학. 제72집. 연세대 인문과학연구소. pp.95~114.
이강수(1997). 노자와 장자: 무위와 소유의 철학. 서울: 길.
이승환(2006). 무예수련의 수양론적 의미. 한국체육철학회 추계학술대회 논문집. pp.1~9.
이종성(2005). 허. 21세기 동양철학. 서울: 을유문화사
성진교(1993). 노자와 장자의 도체론. 효성여대 연구논문집. 46(1), pp.33~54.
오진탁(1990). 감산의 장자풀이. 서울: 서광사.
심재권(2000). 장자의 무위자연사상. 미간행 석사학위논문. 한림대학교 대학원.
장경일(2004). 장자의 반이성주의와 수양론. 미간행 석사학위논문. 고려대학교 대학원.
정인재 역(1992). 중국철학사. 서울: 형설출판사.
한자경(1997). 자아의 연구. 서울: 서광사.
한홍섭(1999). 장자의 예술정신. 서울: 서광사.
Hyland, Drew(1990). Philosophy of sport. New York: Paragon House.

제3장

강신복(2003). 학원스포츠의 현실과 개선방안. 새교육 6월호. 한국교육신문사.
김영민(1996). 탈식민성과 우리 인문학의 글쓰기. 서울: 민음사.
김용옥(1995). 동양학 어떻게 할 것인가. 서울: 통나무.
김용옥 역(1989). 老子: 길과 얻음. 서울: 통나무.
김용옥(1990). 태권도철학의 구성원리. 서울: 통나무

김정근 편(1996). 학술연구에서 글쓰기의 혁신은 가능한가. 서울: 한울.
김정명(1995). 진정한 '체육학' 과 그 방법론. 한국체육학회보. 제62호.
김정명(1997). 체육학의 정체성과 그 방법론에 관한 초방법론적인 고찰. 한국체육학회지.36(4).
김충열(1995). 김충렬 교수의 노장철학 강의. 서울: 예문서원.
박기동(1997). 강원도민의 스포츠체험: 황영조 읽기.『강원사회의 이해』. 서울: 한울.
박기동(1997). 토론 수업을 위한 교수-학습 모형의 탐색. 강원대체육과학연구소 논문집. 제21호.
박기동(1999). 〈몸〉의 교육학: 글쓰기로 가로지르기. 강원대체육과학연구소논문집. 제22호.
박원재(1996). 도가의 이상적 인간상에 대한 연구. 미간행 박사학위논문, 고려대학교 대학원.
박희병 역(1997). 선인들의 공부법. 서울: 창작과 비평사.
이성용(1999). 한국 사회학자의 존재이유. 사회과학자의 글쓰기. 서울: 일신사.
이진수(1999). 체육에서의 몸 닦기. 서울대학교 체육연구소논문집. 19(2).
서기원(2001). "황제 펠레와 악동 마라도나." 조선일보. 1월 4일자. 31면.
오진탁(1987). 장자의 도를 통해서 바라보는 기술문명.『현대의 위기 동양철학의 모색』. 서울: 예문서원.
오진탁 역(1990). 감산의 장자풀이. 서울: 서광사.
오진탁 역(1990). 감산의 노자풀이. 서울: 서광사.
이왕주(1998). 철학살이 철학풀이. 서울: 문예출판사.
이정우(1997). 가로지르기: 문화적 모순과 반 담론. 서울: 믿음사.
이학준(1999). 체육학의 참된 글쓰기. 한국사회체육학회 학술대회. 계명대학교.
임수무(1997). 장자의 공부론. 동서철학. 제29집.
임수무(2002). 공부(工夫). 제397회 목요철학세미나 자료.
신경림, 안규남 역(1994). 체험연구: 해석학적 현상학의 인간과학 연구방법론. 서울: 동녘.
조혜정(1996). 탈식민지 시대 지식인의 글 읽기와 삶 읽기 1. 서울: 또 하나의 문화.
최의창(2002). 체육의 역연금술(2판). 서울: 태근.
최의창(2001). 읽는 스포츠의 매혹: 사사적 글 읽기를 통한 스포츠 이해. 스포츠과학.

12(3). 한국체육과학연구원.

Van Mannen, John(1988). Tales of the Field: On Wright Ethnography. Chicago and London: The University of Chicago Press.

제4장

강신주(2002). 장자철학에서의 소통의 논리: 장자 〈내편〉을 중심으로. 미간행 박사학위논문 연세대학교 대학원.

강신주(2003). 장자: 타자와의 소통과 주체의 변형. 서울: 태학사.

강신주(2004). 장자의 철학. 서울: 태학사.

기세춘 역(2007). 장자. 서울: 바이북스.

김태진(2001). 놀이(遊): 장자의 꿈. 미간행 석사학위논문. 서강대학교 신학대학원.

김시천(2004). 철학에서 이야기로: 우리시대의 노장 읽기. 서울: 책세상.

김충열(1995). 김충렬 교수의 노장철학 강의. 서울: 예문서원.

권덕주(1977). 장자의 예술정신. 미학. 4(1), pp.23~41.

徐復觀, 권덕주 외 역(1997). 중국예술정신. 서울: 동문선.

노희덕(1999). 세계체육사. 서울: 서울대학교출판부.

박범수(2000). 장자에 있어서의 도의 예술정신. 미학. 28(1), pp.109~140.

박소정(1994). 장자의 인간 '자유' 에 대한 고찰. 미간행 석사학위논문. 연세대학교 대학원.

박소정(2001). 악론을 통해 본 장자의 예술철학. 미간행 박사학위논문. 연세대학교 대학원.

백기수 역(1984). 동양미학. 서울: 열화당.

박원재(1996). 도가의 이상적 인간상에 대한 연구. 미간행 박사학위논문. 고려대학교 대학원.

안동림 역(1993). 장자. 서울: 현암사.

오강남 역(1999). 장자. 서울: 현암사.

이동철 외(2005). 소통. 21세기의 동양철학. 서울: 을유문화사.

이강수(1995). 노자와 장자: 무위와 소요의 철학. 서울: 길.

이강수(1999). 중국고대 철학의 이해. 서울: 지식산업사.

이진수 역(1995). 스포츠철학. 서울: 교육과학사.
劉笑敢, 최진석 역(1990). 장자철학. 서울: 소나무.
심재권(2000). 장자의 무위자연사상. 미간행 석사학위논문. 한림대학교 대학원.
조민환(1991). 노장의 미학사상에 관한 연구. 미간행 박사학위논문. 성균관대학교 대학원.
조민환(1997). 중국철학과 예술정신. 서울: 예문서원.
조성식(1994). 성 불평등의 생산과 재생산의 영역으로서 스포츠. 한국스포츠사회학회지. 2, pp.63~74.
조성식(2003). 성 평등을 위한 장으로서의 스포츠변화. 한국체육학회지. 42(4), pp.247~257.
장문호(1985). 장자사상의 미학적 연구. 미간행 박사학위논문. 동국대학교 대학원.
천상병(1999). 저승 가는 데도 여비가 든다면. 서울: 답게.
최의창 역(2003). 마인드 스포츠. 서울: 무지개사.
한홍섭(1999). 장자의 예술정신. 서울: 서광사.
Cho, S.(1996). Feminist sociological epistemology of the female sporting body: Some socio-philosophical considerations. Korean Journal of Sociology of Sport, 5, pp.85~96.
Sage, C.(1998). Power and ideology in American Sport. Champaign, IL: Human Kinetics.

제2부

하이데거, 스포츠를 말하다

지난 역사 가운데 많은 철학자들이 등장하고 사라져 갔지만 우리의 기억에서 사라지지 않고 현재 진행형인 철학자를 찾는다면 단연 하이데거를 들 수 있다. 많은 철학자 중에서 유독 하이데거를 거론하는 이유는 인간에 대한 그의 사유가 과거의 사유에만 머무르는 것이 아니라 지금 여기에서도 통용되기 때문이다. 오늘날 사람들이 하이데거에게 관심을 가지는 이유 또한 현재에도 그의 사유가 빛을 발하고 있음에서 연유한다.

철학자들은 20세기를 대표하는 철학자 중의 한 명으로 하이데거를 추천하는 데 주저하지 않는다. 그 이유는 그의 존재사유에 대한 철학이 현대철학에 미친 영향을 무시하지 못하기 때문이다. 그 예로 하이데거의 영향력은 다양하고 방대해서 미치지 않는 분야가 없을 정도이다. 특히 현재의 포스트 모더니즘과 해체론에까지 그 영향이 미친다. 물론 철학의 영역에만 영향을 준 것이 아니라 건축학, 종교학, 사회학, 예술 등에 거쳐 하이데거의 영향력은 실로 크다.

마르틴 하이데거(Martin Heidegger, 1889~1976)는 독일 슈바르츠발트의 작은 마을인 메스키르히에서 태어났다. 프라이부르크 대학에서 신학과 철학을 전공한 후, 1923년부터 마르부르크 대학에서 철학을 강의하였고, 1928년에 그의 스승 후설의 후임으로 모교인 프라이부르크 대학에 부임하여 그곳에서 줄곧 철학을 가르쳤다. 1927년 《존재와 시간》을 출간하여 스승 후설에게 헌정하였으나, 정작 후설은 이 책에 대해서 실망감을 피력할 정도로 이미 하이데거는 후설의 현상학과는 다른 사유의 길을 걷고 있었다.[55]

나치 집권 시기였던 1933년 프라이부르크 대학 총장에 취임한 후 그 이듬해에 사임했으나, 이 사건은 그의 삶에 정치적 오점을 남겼다. 1945년 독일 점령군에 의해서 1951년까지 강제 휴직을 당했지만, 자신만의 고유한 존재사유의 길을 부단히 걸어감으로써 20세기 서양철학사에 거대한 발자취를 남겼다. 그는 서양인들의 전통적인 형이상학 체계를 근본부터 뒤흔들었을 뿐만 아니라, 현대의 기술적 질서 속에서 뒤틀린 형이상학적 사유를 떠나서 새로운 사유의 시원을 영접하고자 자신만의 고유한 언어로 존재를 사유하였다. 주요 저서로는 《존재와 시간》 이외에도 《숲길》, 《이정표》, 《동일자와 차이》, 《강연과 논문》 등이 있으며, 1975년 《현상학의 근본문제들》을 시작으로 현재까지 약 100여 권에 가까운 전집이 간행되고 있다.[56]

하이데거의 철학에 대하여 긍정적인 평가만을 내리는 것은 아니

55) 권순홍 역, 2005.

56) 권순홍 역, 2005.

다. 마르크스주의자들은 그에 대하여 비판적인 평가를 내리고 있다. 그들에 의하면, 하이데거는 인간의 사회성과 사회구조가 인간의 삶에 대해서 갖는 영향력을 간과하고 죽음에로의 결단 등을 내세우면서 인간의 내면에로 도피한 개인주의적인 사상가라고 말한다. 후기 하이데거는 인간의 주체성과 자유 그리고 책임을 무시하고 소위 존재의 소리에 귀를 기울일 것을 주장하면서 인간을 자신의 낯선 존재의 운명에 내맡기려는 숙명주의적이고 신비주의적인 사상가라고도 했다.[57] 이외에도 언어적 유희에 안주하는 철학자라는 비평도 있다.

하이데거와 스포츠의 관련성을 찾아보면 의외로 스포츠를 즐겨했다는 사실을 알 수 있다. 천성적으로 스포츠를 즐기고 잘하였다고 전해진다. 특히 축구와 스키, 경보, 산행 등을 통해서 건강을 되찾고 장수하였다고 한다. 아래의 글은 하이데거와 스키에 관련된 일화이다.

"하이데거는 소년 시절에는 스키에 열광하였으며 또 사실 선수 못지않은 전문 스키인이었다. 그는 심지어 스키에 대한 강의까지 할 정도였다. 그런데 그의 강의를 들은 사람들에게는 잊혀지지 않는 추억거리가 있다. 펠트베르크의 한 여관에서 플라톤에 대한 세미나를 한 뒤 곧이어 스키장으로 가서 스키 교육을 받았다. 이때 아주 작은 사고가 발생했다. 그가 아주 완만한 커브 길에서 미끄러져 눈 속에 나뒹구는 바람에 선생으로서의 체면이 말이 아닌 지경이 되었다. 철

57) 박찬국, 1995: 153.

학함에서의 미끄러져 나동그라지는 것보다는 여기서의 이 실수가 그에게는 한결 난감했으리라는 것은 미루어 짐작할 수 있을 것이다. 스승의 이러한 실수에 제자들은 당황해 어찌할 바를 몰랐고, 하이데거 역시 몹시 민망해 하며 난감한 표정을 지었다. 그렇지만 그는 곧 아주 기막힌 회전 기술을 보임으로써 실수를 만회했다."[58)]

스키를 즐겨한 하이데거는 스포츠에 관련된 글을 남겨놓지는 않았다. 스포츠에 매료되었지만 사유의 대상으로 스포츠를 보지는 않은 것 같다. 만약 자신이 즐겨하던 스포츠에 대한 단 한편의 글이라도 썼더라면 지금 이 글을 작성하는 데 많은 도움을 얻을 수 있겠지만 그것은 희망사항에 불과하다. 이제부터 하이데거의 존재사유의 방식을 가지고 현대 스포츠에 대해 그가 들려주는 소리에 귀 기울여 보자.

제1장에서는 죽음을 향하여 질주하는 운동선수에 대하여 알아보았다. 하이데거는 인간을 '죽음을 향한 존재'라고 말한다. 산다는 것은 죽어가고 있음과 별반 다르지 않다는 것을 살면서 죽어가는 이웃들에서 확인하게 된다. 죽지 않고 영원히 살 것 같은 생각이 우리의 뇌를 지배하지만 현실은 생각과 같지 않다는 것이 현실 속에서 타자의 죽음으로 다가온다.

타자의 죽음을 통해서 나의 죽음을 생각하게 된다. 우리는 지속적인 생명의 연장만을 의식하고 있지만 이면에는 죽음의 그림자가 드

58) 이기상 · 이말숙 역, 1990: 409~410.

리워져 있다. 인간은 살고 있지만 어떻게 보면 죽어가고 있음이 더 들어맞는 말일지 모른다. 동물과는 달리 인간은 이 지상에서 유일하게 자신이 죽는다는 사실을 알고 있는 존재이며, 언제인가는 죽을 수밖에 없는 존재이다.

운동선수도 죽음의 문제에서 예외가 될 수 없다. 현재 운동선수의 수명이 일반 사람들보다 더 짧다는 놀라운 사실을 발견할 수 있다. 운동을 하면 건강하고 오래 살 수 있을 것 같은 생각이 들지만 현실은 그 반대라는 것이다. 그 이유를 과도한 훈련, 지나친 체중 감량, 승리에 대한 강박관념 등에서 찾을 수 있다. 이러한 요인들이 운동선수의 죽음을 재촉하고 있다고 볼 수 있다. 운동선수들의 경우는 죽음을 향하여 가속페달을 밟아서 달려가는 모습이다. 그만큼 운동선수의 죽음에 대하여 그 누구도 관심과 배려조차 하지 않는다.

이제 선수를 죽이는 현행 경기체계를 개혁하고 선수를 살리고 행복한 삶을 영위하게 할 수 있는 시스템의 구비가 무엇보다도 필요하다. 과연 운동선수들은 누구를 위하여 운동을 하여야 하는가에 대한 질문에 학부모, 감독, 지도교사, 학교장 나아가 지역사회, 구단, 국가 등은 책임을 피할 수 없을 것이다. 왜냐하면 운동선수 자신이 자발적인 선택에 의하여 운동을 수행하지 않는다면, 그 자체적으로 문제점이 있기 때문이다. 현행대로 운동선수들의 훈련방법 자체가 강압적인 관행처럼 흘러간다면 운동선수의 짧은 수명은 계속될 것이다.

제2장에서는 스포츠의 고향 상실과 회복에 대하여 다루었다. 하이데거가 말하는 고향은, 존재를 지칭하기 때문에 고향 상실은 존재

망각을 의미하는 것이다. 세계 내의 모든 동물 중에서 인간만이 존재이해가 가능하기 때문에 존재를 알 수 있다. 하지만 기술문명 속에서 인간은 존재망각으로 치닫고 있다고 하이데거는 말한다. 기술문명의 발전으로 고향은 도시화되어 가고 과거의 고향의 모습은 점점 사라지고 있다.

이제 우리가 꿈꾸는 고향의 모습은 지상 어디에도 존재하지 않는다. 마음속 고향으로 자리를 옮겨 자리를 잡고 있을 뿐이다. 타향살이에 지친 인간들은 편하게 육신이 쉬고자 하는 마음을 갖는다. 이 때문에 고향을 그리워하면서 언젠가는 타향살이를 접고 고향으로 가려고 한다. 고향은 우리가 귀향하고자 하는 지점이다. 고향은 존재의 안식처이며 자유를 안겨줄 수 있는 곳이다.

하이데거는 현대인이 처한 상태를 존재 망각, 고향 상실성이라고 진단하고 있는데, 현대인은 쉽게 기술문명에 대한 맹신에 빠져들어 자신들의 실존을 가능하게 하는 터전인 존재를 상실하거나 망각하고 있기 때문이다. 이런 점에서 하이데거는, 오늘날 우리가 생각해야 할 것은 우리가 존재에 대해서 생각하려고 하지 않는다는 사실을 자각하는 것이라고 역설한다. 하이데거의 시각에서 보자면 철학의 역할은 다른 것이 아니라 현대인의 기술문명 속에서 점점 상실해가는 실존과 존재의 의미를 음미할 수 있는 지평을 제공하는 것이라고 말할 수 있을 것이다.[59)]

스포츠의 고향은 무엇인가? 스포츠기술이 발달하면 더불어 엘리트스포츠의 경기력과 기술이 발달하지만 결국에는 엘리트스포츠의 근원적인 놀이, 자연, 윤리적 성격 등이 상실되었다. 기술의 발달 속에서 운동선수들은 도구화, 수단화되어 가기 때문에 운동기계가 될 가능성이 여전히 높다. 도구화된 운동선수는 자기존재의 의미를 온전히 상실할 수 있다. 이 말은 곧 스포츠의 고향 상실을 의미한다.

하이데거 철학에서 고향은 진리이다. 우리 모두 타향살이에서 고향으로 돌아가고 싶은 욕구를 내면화하고 있다. 스포츠의 고향은 우리가 지금까지 잊고 있는 것들이다. 스포츠의 고향을 형성하는 것을 존재 사유를 통해서 찾는다면 놀이, 자연, 윤리적 특성 등이 아닐까 거듭 생각해본다. 이런 것들이 스포츠의 고향으로 스포츠를 하는 인간을 향하게 하지만 고향 길을 맞는 것은 길게 늘어선 자동차 행렬이 아니라 현대 엘리트스포츠에서는 기록과 경쟁 등 경기 중심의 일변도라고 할 수 있다. 그럼으로써 고향을 의미하는 것들이 점차 사라지고 있음을 알 수 있다.

제3장에서는 닦달과 관련하여 인격 형성으로서의 체육공부를 다룬다. 현재 우리 사회는 신자유주의적 자본주의 책략과 선전선동에 의한 경제적 유용성만을 평가 잣대로 몰아세워 학생을 닦달하고 있다. 자신을 돌아볼 수 있는 수양 혹은 성찰의 시간을 갖지 못하고 있다. 작금의 체육공부는 몸을 닦기보다는 몸을 닦달하는 공부가 대부분이다. 대학을 가기 위하여, 성적을 내기 위하여, 세상은 온통 출세주의 혹은 승리지상주의가 넘쳐나고 있다. 노메달은 물론, 일등이

59) 이서규, 2003.

아니면 용서가 되지 않는다. 금메달 때문에 모두가 선수를 닦달한다. 그 결과 선수는 사유의 과정 없이 코치의 지도에 기계적으로 반응하고 행동할 뿐이다. 이는 수양과 성찰의 시간이 없이 앞만 보고 달려왔기 때문에 나타나는 결과이다. 왜 운동을 하는지에 대한 목적지의 망각은 인격 형성과 거리를 점점 멀게 만든다.

선수를 몰아세워 닦달함으로 선수를 생각 없이 행동하는 일종의 운동하는 기계를 만들고 만다. 선수에 대한 닦달은 일종의 강요와 억압 그리고 통제 형식으로 나타난다. 이는 정신없이 운동하고, 휴식하고, 잠자는 일상의 반복만을 행하게 한다. 자신이 왜 운동하고, 어떻게 운동할 것인가에 대한 생각할 시간을 좀처럼 주지 않는다. 일방적인 닦달은 메달은 딸 수 있지만 한 선수의 인격은 바닥을 들어 낼 수 있다. 닦달함은 선수도 지치고 교사도 지치게 만든다. 사람을 살리는 공부가 아니라 사람을 잡는 공부이다. 한 사람이 가진 모든 에너지를 빼내는 공부에 너도 나도 앞장선다. 누가 이렇게 만들었는가, 그 주범은 신자유주의적 자본주의 책략이라고 할 수 있다. 거기에 놀아나는 우리의 모습은 가관이다. 그 책략에서 우리가 할 수 있는 일은 저항과 자강의 수단으로 인격 형성으로서 체육공부에 힘을 쏟는 일이다.

제4장에서는 하이데거의 존재사유의 길과 스포츠의 길에 대하여 알아보았다. 현대 스포츠는 하나의 볼거리 그 이상의 의미를 찾기 어렵게 되었다. 이미 상품과 마케팅의 대상이 되고 있으며, 자본의 논리에 지배를 받게 되었다. 운동선수는 스포츠마케팅 혹은 광고의

대상으로 빠르게 자리 잡고 있다. 이제 운동선수는 '보다 높이, 보다 빠르게, 보다 강하게'를 위하여 필사적인 몸부림의 현장으로 내몰리고 있다. 그 가운데 상업성과 민족성 그리고 폭력, 도핑, 경기조작 등의 비윤리적 문제들이 끊임없이 발생하고 있다. 이 같은 현대 스포츠의 타락의 원인은 여러 측면에서 살펴볼 수 있지만, 우선적으로 운동을 하고 있는 자신을 중심으로 살펴볼 필요가 있다. 즉 외적인 환경(사회적 요구, 주변의 기대, 훈련방법의 문제 등)에 가려져 있는 운동선수 자신의 존재망각에서 찾을 수 있을 것이다. 만약 자신들의 존재의미를 망각하고 있다면 이를 구원할 수 있는 유일한 방법은 실존해명에서 찾을 수 있을 것이다.

하이데거에 의하면 오늘날 현대사회는 존재망각이라고 특징지어질 수 있을 것이다. 하이데거는 《존재와 시간》에서 기초존재론으로 출발하는 현존재 분석을 통해서 오늘날 우리 현대인에게서 점점 상실되고 있는 존재에 대한 각성과 그 의미에 대해 숙고를 통해서 우리들에게 삶의 본질에 대한 성찰을 요청하고 있다. 하이데거의 전 철학적인 기도는 존재물음의 제기와 이 물음에 대한 답변을 통한 존재의 이해와 삶의 본질에 대한 탐구라고 말할 수 있을 것이다. 하이데거는 존재물음과 존재론적 차이라는 사유의 장치를 통해서 독특한 존재론을 전개하는데, 이러한 존재론의 전개는 내적으로는 다름 아닌 전통의 해체라는 성격을 가지고 있는 것이다.[60]

이상과 같이 하이데거의 존재사유 방법에 따라 천착했던 철학의 눈으로 스포츠철학에 대하여 알아보았다. 이제 좀 더 긴 문장으로 이하에서 만나게 될 것이다. 하이데거의 사유개념으로 존재, 죽음, 고향, 닦달 등을 중심으로 스포츠와 연관하여 사유를 전개한 글들을 소개한다. 스포츠세계는 일상세계와는 다른 비일상 세계라는 특성을 갖고 있지만 여전히 일상세계와 크게 다르지 않는 일들이 발생하고 있다. 스포츠가 사회의 작은 축소판, 또는 거울이라는 말을 입증하는 것이다.

60) 이서규, 2000: 7~8.

1장

죽음을 향한 질주

하이데거는 "인간은 죽음을 향한 존재"라고 말하였다. 산다는 것은 죽어가고 있음과 별반 다르지 않다. 우리는 지속적인 생명의 연장만을 의식하고 있지만 이면에는 죽음의 그림자가 드리워져 있다. 인간은 살고 있지만 어떻게 보면 죽어가고 있음과 상통한다. 동물과는 달리 인간은 이 지상에서 유일하게 자신이 어느 날 갑자기 죽을 수 있다는 사실을 알고 있는 존재이며, 언제인가는 죽을 수밖에 없는 존재이다. 그럼에도 불구하고 인간은 죽음에 대한 불안과 두려움을 벗어나기 위하여 몸부림친다. 그 몸부림은 죽음에 대한 부정의 표현이다.

운동선수도 죽음의 문제에서 예외가 될 수 없다. 현재 운동선수의 죽음은 일반 사람들보다 수명이 더 짧다. 그 이유를 과도한 훈련, 지나친 체중 감량, 승리에 대한 강박관념 등에서 찾을 수 있다. 이러한 문제들이 운동선수의 죽음을 재촉하고 있다. 운동선수들의 경우는 죽음을 향하여 가속페달을 밟아서 달려가는 모습이다. 그만큼 운동선수의 죽음에 대하여 그 누구도 관심과 배려조차 하지 않는다. 죽을 수 있다는 것을 받아들이지 않기 때문에 과도한 훈련이 지속되는 것이다. 그들이 하는 운동연습을 자신의 몸이 말하는 소리에 귀 기울이지 않고 따라서 하기 때문에 자신의 운동량을 초과하여 몸에 무리를 가하게 된다. 그때 몸의 항상성은 무너지게 된다.

이제 선수를 죽게 하는 현행 경기체계를 개혁하고 선수를 살리고 행복한 삶을 영위하게 할 수 있는 시스템의 구비가 무엇보다도 필요하다. 과연 운동선수들은 누구를 위하여 운동을 해야 하는가에 대한 질문에 학부모, 감독, 지도교사, 학교장 나아가 지역사회, 구단, 국가 등은 책임을 피할 수 없다. 왜냐하면 운동선수 자신이 자발적인 선택에 의하여 운동을 수행하지 않는다면, 그 자체적으로 문제점이 있기 때문이다.

현행대로 운동선수들의 훈련방법 자체가 관행처럼 흘러간다면 되풀이되는 일만이 생겨날 것이다. 죽음을 염두에 두고 죽음의 두려움에 앞서 달려가서 결단을 할 필요성이 있다. 이러한 차원에서 이 글의 목적은 운동선수들의 죽은 흔적들을 들추어내어 죽음의 원인이 어디에 있었는지를 알아보고 그 대안을 찾아보는 데 있다. 이를 위하여 우선적으로 죽음의 성찰을 통하여 죽음에 대하여 알아보고, 죽음에 내몰리는 운동선수들의 원인을 찾아보았다. 그리고 운동선수들을 죽음으로부터 구원할 수 있는 방법에 대하여 알아보았다.

이 글에서 사용한 연구방법은 생사학(生死學) 또는 죽음학과 사회윤리학적 접근방법을 사용하였다. 죽음에 대한 이론적 고찰은 죽음학에서 연구된 성과에 대한 문헌고찰을 통하여 알아보았다. 특히 운동선수 죽음의 문제에 대한 해법을 찾기 위해서 사회윤리학적 접근방법을 통해서 문제의 원인과 해결방안을 탐구하였다.

여기서 사용한 사회윤리학적 접근방법은 예측할 수 있는 결과, 특히 사회적 결과를 현실적으로 문제 삼고 추구하기 때문에 도덕적 행위나 사회적 원인을 문제 삼고 그것의 극복을 추구한다. 이처럼 사회적 원인의 해결이나 제거를 사회적 정책이나 제도 또는 체계의 차원에서 추구하기 때문에 정치적 방법을 사용하여 윤리적 문제를 다룬다. 그 외에도 상황 및 콘텍스트와의 관련성에서 윤리적 문제를 다루고 사회적 규범과의 관련성에서 윤리적 문제를 다루는 특성이 있다.[61]

죽음의 성찰

우리는 일상생활에서 다른 사람들과 더불어 살아간다. 다른 사람들과 같이하고 있는 세상의 공공적인 삶 속에서 죽음은 항상 일어나고 있는 불상사, 즉 '죽음의 경우' 로 알려져 있다. 이웃사람이나 낯선 사람들이 죽어간다. 우리는 이렇듯이 죽음을 우리가 살고 있는 세계 안에서 일어나고 있는, 일종의 낯익은 사건으로 대하고 있는 것이다. 이러한 것으로서의 죽음은 우리가 일상에서 대하고 있는 것

61) 고범서, 1993: 43~54.

들의 특징이라 할 수 있는, 즉 눈에 띄지 않는 상태 속에 머물러 있다. 세인은 이러한 사건들을 위해서도 이미 나름대로의 해석을 확보해두고 있다. 발설된, 또는 대개의 경우 억제되어 있는 피상적인 이야기는 "사람은 결국 언젠가 죽기 마련이다. 그러나 우선은 죽음과 무관하다" 고 말한다.[62)]

'사람은 모두 죽는다.' 이 지상에 존재하는 모든 피조물 중에서 자신이 죽을 것이라는 것을 알고 있는 유일한 피조물이 인간이다. 이미 죽는 다는 것을 알고 있지만 죽음에 대하여 심각하게 고민하지 않는다. 사춘기 시절 어린 소년 · 소녀들에게 죽음은 아주 심각한 고민이지만 나이를 먹고 살아 남는 것이 힘이 들어서, 아니면 살기 위해서 분주하게 살기 때문에 죽음이라는 것에 대하여 잊고 산다. 죽음에 대하여 우리가 인식하게 되는 것은 이웃의 가까운 친척이나 친구들의 죽음을 접하고 일시적이나 죽음의 그림자를 맞이하게 될 때이다.

누구도 죽음에 대하여 좀처럼 말하지 않는다. 모든 사람들이 하고 있지만 말하지 않는 것이 두 가지 있다. 그것이 성과 죽음이다. 이 두 단어는 금기시하기 때문에 일상생활에서 알고 있지만 좀처럼 말하지 않는다. 일종의 금기사항이기 때문에 말하기가 어렵다는 것이다. 그렇기 때문에 부정적인 용어로 간주하여 이 지상에서 사용하지 못하게 암묵적으로 사람들은 동의하고 있는 것이다.

62) 이인석 역, 1997: 162~163.

사람들은 죽음이 확실한 것임을 알고 있다. 그러나 자기 자신도 확실히 죽는다는 것에 대하여는 그렇지 못하다. 현존재의 퇴락하고 있는 일상성은 죽음의 확실성을 알고 있으면서 좀처럼 그 죽음의 확실성을 믿으려 하지 않는다. 그러나 이와 같은 회피는 회피하는 대상으로부터 현상적으로 죽음은 가장 고유하고 다른 것과 관계하지 않는, 그리고 앞질러질 수 없는 확실한 가능성으로 파악되어야 한다는 것을 증명하고 있다.[63)]

이와 같이 죽음 또는 죽음학에 대한 관심은 여러 가지 배경을 가지고 있다. 첫째, 의료기술 등 과학문명의 급속한 발달로 인해 죽음의 금기화가 점차 불식된 점을 들 수 있다. 죽음을 자연이나 신의 섭리의 영역에만 두지 않으려는 사회 심리적 경향이 생겨난 것이다. 둘째, 이러한 기술문명의 발달은 영아 사망률을 감소시키는 동시에 인간의 평균수명을 연장시킨다. 이는 노령인구의 증가를 의미하는데, 이로써 죽음을 준비하는 시간은 늘어난다. 죽음에는 순서가 없지만, 죽음의 징표는 나이가 들수록 늘어나기에 죽음을 의식할 기회가 많아진다. 셋째, 의학기술의 발달은 죽음과 관련된 윤리적 결단의 문제도 부각시킨다. 즉 뇌사, 장기 기증, 안락사, 낙태 등의 주제들은 현재 한국사회에서 쟁점화되고 있는 문제들이기도 하다. 이는 단순한 관심의 차원을 넘어 결단의 윤리성을 요하는 문제이기 때문에 좀 더 신중히 접근할 필요가 있다. 넷째, 성과 죽음에 대한 인식

63) 이인석 역, 1997: 171.

의 개방을 들 수 있다. 태어남과 죽음은 일견 모순적인 주제인 듯하지만, 실은 밀접히 관련된 인간의 가장 고유한 경험의 영역이다. 성에 대한 인식이 고조되었다면, 이는 바로 죽음에 대한 인식 고조의 표징이 된다. 다섯째, 현대사회의 유동과 더불어 사람들이 전통적인 공동체적 집단으로부터 소외되어 가는 경향이 있다. 역사적으로 볼 때, 죽음에 대한 관심은 사회적 해체의 기간 동안에 첨예하게 나타난다. 이에 더하여 2000년대라는 시대적 상황이 연출하는 세기말적 분위기가 죽음에 대한 관심의 고조와 무관하지 않을 것이다.[64]

죽음은 인간의 삶에서 금기시되어왔다. 일상의 삶 속에서 죽음은 늘 있어 왔지만 그것에 대하여 진지하게 연구하거나 일상 담론으로 이어가지 못하였다. 회피할 수 있는 것이지만 그것을 말하는 것을 불순하고 재수 없는 것으로 인식하고 있었기 때문이다. 죽음의 공포, 죽어야 한다는 것을 한시라도 잊기 위해서 사람들은 무엇인가 분주하게 몰두하며 살아가고 있다. 분명한 것은 어떻게 하면 잘 살 수 있는가에 대한 관심은 아주 많지만 어떻게 잘 죽을 것인가에 대한 관심은 생각보다 적다.

삶과 죽음은 대비적인 개념이 아니라 하나의 두 측면이다. 좋은 삶에 대한 관심만 사회에 넘쳐나고 있다. 웰빙이란 단어가 유행이 되고 일상에서 웰빙이 들어가지 않는 용어가 없을 정도이다. 모두가 웰빙이다. 1990년 이후 이 땅에서 죽음에 대한 연구와 논의들이 제

64) 우정길, 1997.

기되어 왔다. 그것은 생존의 문제를 해결할 수 있는 토대가 형성되고 죽음에 관한 다양한 문제들이 생겨났기 때문이다. 안락사, 뇌사 등과 같은 죽음의 윤리적 결단의 문제는 죽음에 대한 연구와 논의를 필요로 한다. 이미 서구에서는 죽음에 대한 학문이 세계 대전 이후에 연구되어 급속하게 확장되고 고등학교 교육에서도 죽음에 관한 교육이 실시되고 있는 실정이다. 이러한 시대적 변화에서 죽음에 대한 관심과 연구가 필요한 것이다.

죽음에 관한 문제에서 운동선수의 경우도 예외가 될 수 없다. 인위적인 훈련방법과 금지약물 복용, 그리고 체중 감량 등에 의해서 운동선수의 수명은 단축되어 가고 있다. 죽음을 향해 질주하는 운동선수의 죽음에 대한 철학적 성찰이 요구된다. 이를 위해 이하의 논의에서는 죽음에 내 몰리는 운동선수에 대하여 알아보고, 죽음에서 운동선수를 구원할 수 있는 방법에 대하여 고찰한다.

죽음에 내몰리는 운동선수

운동선수의 죽음의 원인은 다양하다. 첫째, 승리에 대한 강박 관념과 과도한 스트레스이다. 이 때문에 선수들의 몸은 항상성이 깨지고 몸에 무리를 가하게 된다. 둘째, 체급별 경기의 체중 감량이다. 무리한 체중 감량은 질병의 원인이 된다. 그럼에도 불구하고 선수들은 승리, 경기 참가를 위해 체중 감량을 할 수박에 없다. 셋째, 선수관리의 문제이다. 선수의 부상 상태를 감안하여 선수를 출전시켜야 하는데 현행의 체계에서는 승리를 위해서 부상에도 불구하고 출전시키는 경우를 들 수 있다. 넷째, 선수 개개인의 체력 조건을 무시하고 단지 경기력 향상을 위한 과도한 훈련방법에서 그 원인을 찾을 수 있다.

1. 승리에 대한 강박 관념과 과도한 스트레스

승리와 기록에 대한 강박 관념은 신체의 한계를 넘어서는 강한 유혹으로 작용한다. 사회적 시선과 반응은 1등만을 요구한다. 결과에만 관심을 가질 뿐 나머지는 관심의 대상이 아니다. 세상에는 재미있는 것이 넘쳐나기 때문에 굳이 1등 이외의 것에 관심을 가질 이유가 없다는 입장이다. 이런 사회적 시선 때문에 수단과 방법을 고려하지 않고 1등만을 추구한다. 문제는 연습을 통해서 얻게 되는 승리와 기록 단축이 정상적인 방법이다. 하지만 운동선수들은 쉽게 편법을 이용해서 승리를 하려는 데 문제가 있다. 인위적인 금지약물 복용을 통해서 기록 단축과 승리를 할 수 있다는 현실적인 유혹에서 선수들은 자유롭지 못하다. 이 사회의 승자에 대한 관심과 호의가 선수들을 약물의 유혹에 빠지게 한다.

한번 금지약물의 힘을 빌려 승리한 선수는 쉽게 약물에 빠질 수 있다. 그렇기 때문에 선수들이 금지약물 복용에 대한 자각이 우선적으로 필요하다. 선수들이 약물을 복용하는 것은 승리에 대한 강박 관념과 지도자들의 권유로 인하여 빠져든다. 이 같은 금지약물 복용의 원인 제공을 제도적으로 규제하거나 아니면 선수들의 자각이 필요하다. 선수들의 약물복용에 대한 무지 때문에 선수 생명이 단축될 수 있다.

한 예로 육상 단거리의 이진일 선수가 감기약을 복용한 것 때문에 국제육상연맹의 도핑검사에서 양성반응을 보여 한시적으로 선수자격을 박탈당한 경우를 들 수 있다. 감기약 성분의 경우 도핑물질이 함유되어 있을 수 있다는 사실에 대한 무지 때문에 비롯된 사건이다. 선수의 자기 관리의 문제를 들 수 있다. 선수는 언제나 불시에 도핑검사의 대상이 될 수 있다는 경각심이 있어야 한다. 이를 위해서는 사전에 도핑물질에 대한 교육과 홍보가 필요하다. 이를 통하여 이와 같은 사건은 미연에 막을 수 있다. 그러나 안일한 대응과 무지 때문에 비롯되었기 때문에 이에 대한 교육이 필요하다. 도핑물질 가운데 지금까지 검출이 어렵다고 한 혈액 도핑이 검출되어 오스트리아 선수 6명이 영구제명당했다.

> 지난해 토리노동계올림픽에서 사상 최악의 '혈액 도핑' 파문을 일으켰던 오스트리아 스키선수들이 무더기로 영구제명을 당했습니다. 국제올림픽위원회 IOC는 중국 베이징에서 집행위원회를 열고 오스트리아의 크로스컨트리 선수 4명과 바이애슬론 선수 2명 등 모두 6명을 만장일치로 영구제명시켰습니다. IOC가 올림픽 역사상 음성반응에 징계를 내린 것은 처음이며 약물 때문에 영구제명된 것도 처음입니다. 혈액도핑이란 자신의 피를 경기 몇 주 전에 뽑아뒀다가 다시 수혈하는 방법으로, 산소를 운반하는 적혈구가 늘어나 경기력이 향상되는 것으로 알려졌습니다.[65]

앞의 글에서 알 수 있는 사실은 검출되지 않는 도핑방법이 새로이 고안되고 있다는 사실이다. 혈액도핑과 금지약물 복용은 승리에 대한 강박관념에서 시작된다. 문제는 지속적인 금지약물 복용은 죽음의 원인이 될 수 있다는 사실이다. 그렇기 때문에 선수들의 약물복용을 막아야 되는 이유이다. 이외에 강박관념으로 과도한 스트레스를 가져오게 하여 급성심장마비의 원인으로 작용하기도 한다. 프로야구 임수혁 선수의 경우, 경기 도중 경기장 내에 쓰러져 다시는 일어나지 못하는 식물인간이 되었다. 이 선수의 경우는 8년여 동안의 심장질환을 앓고 있었고 여기에 과도한 스트레스가 더해져서 운동장에 쓰러진 것이다. 구단차원에서 선수에 대한 건강 체크나 개인의 건강에 대한 관심이 부족해서 발생한 경우라고 할 수 있다.

2. 지나친 체중 감량

운동선수에게 있어 몸의 항상성을 붕괴시키는 원인 중의 하나는 과부하의 무리한 운동 강도이다. 과잉된 운동량과 혹독한 운동량은 경기력에는 영향을 줄 수 있지만 다른 부작용이 따른다. 다른 하나는 무리한 체중 감량을 그 원인으로 찾을 수 있다. 특히 체급별 경기와 기록경기 선수들의 죽음이 다른 여타의 종목보다 많은 이유는 체중 감량에서 그 원인을 찾을 수 있다.

체급별 경기의 선수들의 체중은 자신의 정상체중에도 미치지 못

65) [YTN] 2007년 4월 26일.

하는 체중을 유지하기 위하여 설사약, 이뇨제 혹은 무리한 사우나로 인하여 몸의 항상성을 붕괴시키고 있다. 이 때문에 몸에 이상이 오는 것이다. 대체로 선수들은 자신의 정상체중을 그대로 유지하고 경기에 참여하는 것이 아니라 정상체중에서 체중을 감량한 상태로 경기에 참여하기 때문에 운동선수들을 죽음으로 내모는 이유가 되는 것이다. 아래의 내용은 체중 감량 때문에 숨진 학생에 대한 글이다.

> 전국체육대회 출전을 위하여 체중 감량을 하던 고등학교 레슬링 선수가 목숨을 잃었다. 전북체고 2학년생으로서 아직 사춘기에 불과한 17세 나이의 전북대표 김종두 군은 8㎏(어떤 신문은 10㎏이라고도 한다)을 줄이기 위하여 무리하게 감량을 하다가 심한 탈수에 의한 쇼크로 목숨을 잃은 것이다. 권투나 레슬링 등 이른바 체급경기의 경우 감량은 일반적인 것이다. 그러나 키가 158㎝에 불과한 소년이 그레꼬로망 46㎏급에 출전하기 위하여 8㎏을 며칠 사이에 감량한다는 것은 처음부터 생명을 거는 일이 아닐 수 없다.[66]

승리하기 위해서 어린 나이 때부터 체중을 늘린다. 자의반 타의반 많은 음식물을 섭취하게 되어 과다체중의 비정상이 된다. 그것이 당뇨병이나 비만으로 이어져 선수 수명을 단축시킨다. 한 번 체중을 늘려놓으면 그것을 줄이기 위해서는 많은 인내가 필요하다. 그것이 쉽지 않다는 것이다.

체급별 경기선수들은 경기 참가와 우승을 위한 목적에 의하여 어

66) 임동진(2003). 선수의 생명에 대한 책임. www.law_limcs.com.

쩔 수 없이 체중 감량을 하지만 싱크로나이즈드 스위밍, 피겨스케이팅, 리듬체조, 체조선수의 경우 아름다운 외모를 유지하기 위하여 체중 감량을 한다. 특히 이들 선수들은 이뇨제의 과다복용으로 건강을 위협하고 선수생명을 단축하고 있다. 위험에 대한 경각심을 심어주는 것이 약물 오남용에 대한 예방 차원의 일이다.

이상과 같이 체급별 선수들과 신체미를 중요시하는 경기의 선수들은 체중 감량을 위하여 다이어트를 한다. 다이어트는 쉽지 않기 때문에 약물을 복용하거나, 사우나와 같은 인위적인 장치를 이용하여 체중 감량을 시도한다. 그 결과로 신체에 무리가 가서 결국에는 몸의 항상성이 붕괴되어 질병으로 나타난다. 나중에 선수생명과 수명의 단축으로 연결될 수 있다.

3. 선수관리의 문제

운동선수의 생명은 몸이다. 몸을 제대로 사용하지 못하면 선수로서의 생명은 끝이다. 단체경기에서 승리를 위해 무리한 선수기용은 선수 생명을 단축시킬 수 있다. 운동선수는 부상을 당하기 쉽기 때문에 일단 부상을 당한 경우에는 일정한 휴식과 지속적인 재활치료가 필요하다. 그래야 선수생활을 지속할 수 있다.

> 최근 국내에서 폭발적 인기를 모으고 있는 이종격투기 시합에서 선수가 숨지는 사고가 발생했다. '때리고 차고 찍고 꺾는' 전방위 공격이 가능한 탓에 이종격투기의 위험성은 꾸준히 제기돼 왔다. 그러나

선수를 보호하기 위한 장치는 허술했다. 12일 밤 9시 35분께 서울 삼성동에 있는 식당식 이종격투기 경기장 '김미파이브(G5)' 선수탈의실에서 이아무개(34) 씨가 갑자기 호흡곤란 증세를 일으켜 병원으로 옮겼지만 숨졌다. 이 씨는 이날 밤 9시 20분에 시작된 이종격투기 경기에서 1라운드 1분께 상대 선수인 임아무개(32) 씨의 주먹을 맞고 왼쪽 눈 위가 2㎝ 정도 찢어졌다. 이 씨는 의사의 시합중단 지시로 링에서 40m 떨어진 탈의실로 간 뒤 의사와 대화를 나누다 쓰러졌다.[67]

현실적으로 우수한 운동선수의 경우 팀의 승리를 위해서, 국가의 승리를 위해서 무리한 출장을 권고받는다. 만약 참가하지 않는다면 감독의 질책이 따른다. 자신의 선수 생명을 지속하기 위해서는 출전을 포기해야 한다. 그러나 현실적으로 선수는 지도자로부터 참가를 종용받기 때문에 참가할 수밖에 없다. 그렇게 되면 부상의 회복기간이 더 늦어지고 아니면 선수생활을 중단해야 할 경우도 생긴다.

이러한 부당한 일들이 생기지 않기 위해서는 선수들에 대한 지속적인 건강관리와 대책이 마련되어야 한다. 현재 행하고 있는 팀 닥터 제도를 지속적으로 유지하면서 선수관리에 만전을 기할 필요가 있다. 팀 자체의 전문 의료진을 구비하지 못할 경우는 인근 전문병원과의 지속적인 관계를 통해서 이를 적극적으로 활용하는 것도 좋은 방법이다. 전문운동은 위험에 노출되어 있기 때문에 예방 차원과 안전유지를 위한 준비가 있어야 한다.

67) 한겨레신문, 2005년 5월 13일자.

4. 운동선수 특유의 질병

운동선수 특유의 질병은 거인병, 마판 증후군, 파킨슨 병, 루게릭 병 등이 있다. 국내에서 보면, 2미터의 국가대표 배구선수 김병선의 경우를 들 수 있다. 당시 그의 사인은 심장마비로 밝혀졌지만 이후에 그의 죽음의 원인은 마판 증후군일 가능성이 높다고 한다. 마판 증후군은 키가 큰 운동선수들에게 나타나는 특유의 질병이다. 마판 증후군을 좀 더 알아보자.

> '거인병' 처럼 장신 선수들이 걸릴 위험성이 높은 병이다. 프랑스의 마판 박사가 발견해 이러한 병명이 붙여졌다. 유전적인 요소가 강한 '마판증후군' 은 심장의 대동맥이 부풀어 올라 돌연사할 수도 있는 치명적인 질병이다. 농구에서 기아의 전성시대를 연 한기범이 지난 2000년 '마판증후군' 으로 쓰러져 10시간의 대수술 끝에 가까스로 건강을 되찾았다. 농구선수와 함께 배구선수들도 '마판증후군' 으로 시달리고 있는 선수가 있다. 국내 프로배구 최장신인 삼성화재의 박재한(207㎝)은 지난해 '마판증후군' 으로 판명 나 수술대에 올랐다. 강만수과 함께 80년대 한국 남자 배구의 양대 거포였던 강두태는 지난 90년 급성 심장마비로 사망했는데 '마판증후군' 때문인 것으로 알려졌다.[68]

이 외에도 거인병을 들 수 있다. 이 질병은 키 큰 선수들에게 발견될 수 있는 질병이다. 호르몬의 과도한 작용이 원인이 되어 발병하

68) 스포츠서울, 2007년 6월 4일자.

는 질병이다. 이 질병은 수명의 단축으로 이어질 수 있다. 치유방법은 적당한 건강관리와 진료를 통하여 치료할 수 있다. 그러나 이런 질병을 무시하고 운동을 지속할 경우 죽을 수 있다는 것이다. 좀 더 상세하게 거인병에 대하여 알아보자.

최홍만을 통해 세인의 관심을 끌었다. 글자그대로 신장 2m가 넘는 거인 선수들이 걸릴 확률이 높다. 얼굴과 손 발 등 신체 말단 부위의 성장이 계속돼 '말단 비대증' 으로 불리기도 한다. '거인병' 은 뇌하수체에서 생긴 종양 때문에 성장 호르몬이 과다 분비되면서 각종 합병증을 불러일으키는 무서운 질환이다. 심하면 심장 등 장기까지 커지기 때문에 성장호르몬 차단을 위한 수술이 불가피하다. 최홍만 측은 5년 전에 성장이 중지됐다고 주장하지만 속단은 금물이다. 의학계에선 정확한 진단이 필요하다는 조언이다. '거인병' 으로 투병하고 있는 스타들은 국내에도 몇몇이 있다. 80년대 한국 여자농구의 부동의 센터였던 김영희가 힘겹게 투병 중이다. 한차례의 뇌수술을 받았지만 아직도 성장호르몬이 계속 분비돼 심한 안면 기형과 각종 부작용으로 고생하고 있다. 씨름과 프로 레슬링에서 활약했던 서찬호도 거인병을 앓고 있는 것으로 알려졌다. 본인은 밝히기를 꺼리고 있지만 씨름의 A선수도 '거인병' 으로 밝혀져 성장 호르몬을 차단하는 뇌수술을 받은 것으로 전해졌다. '거인병' 에 걸린 해외 선수로는 프로레슬러 안드레 자이언트가 가장 유명했다. 키 226㎝ 몸무게 238㎏의 안드레는 지난 93년 47살의 나이로 세상을 등져 팬들을 안타깝게 했다. 이종격투기 선수인 자이언트 실바 역시 현재 '거인병' 을 앓고 있는 것으로 확인됐다.[69]

운동선수의 경우 승리를 위한 과도한 운동으로 인하여 돌연사할 가능성이 있다. 선수들에 대한 특별한 건강관리와 체크를 통하여 완치와 선수생활을 지속할 수 있도록 돕는 방법을 찾아야 한다. 방치하면 할수록 생명에 위협적인 것이다. 운동선수들 중에서 자신이 거인병일 수 있다는 의심이 들면 검진을 통해서 질병을 발견하고 치료에 힘을 써야 한다. 선수생활보다 개인의 건강과 생명이 소중하기 때문에 이 문제에 대해 보다 많은 관심과 주의가 요구된다.

5. 과도한 훈련

경기력을 향상시키기 위한 운동선수들의 과다한 훈련은 몸의 항상성을 붕괴시킬 수 있는 건강의 적신호이다. 일종의 지옥훈련이라는 훈련방법을 통하여 정신력 강화와 체력 강화를 할 수 있다는 강한 믿음을 지도자들은 가지고 있다. 물론 그 효과를 통하여 세계대회에서 좋은 성적을 얻었다는 결과는 무시하지 못한다. 이러한 훈련방법이 승리의 원동력이라는 강한 믿음 때문에 버리지 못하고 현실적으로 통용되고 있다.

지도자들은 승리에 대한 강박관념으로 혹독한 훈련방법을 사용하고 있다. 실제로 이 같은 훈련방법을 통하여 좋은 경기결과를 가져오기 때문에 지금까지 사용한다. 문제는 선수 개인의 체력을 고려하지 않고 일률적으로 적용하는 데 있다. 선수들 개개인의 심장 박동

69) 스포츠서울, 2007년 6월 4일자.

에 따른 운동부하가 최고의 운동효과를 줄 수 있는 것을 잊고 모든 선수들에게 일률적으로 적용한다는 것이다. 그렇기 때문에 어떤 선수는 운동효과를 볼 수 있는 경우도 있지만 반면에 강도 높은 무리한 훈련으로 상해와 질병, 죽음의 문제를 가져올 수 있다.

죽음으로부터의 구원

운동선수들을 죽음으로부터 구원할 수 있는 방안은 다각도로 모색할 수 있겠지만 이 장에서 문제해결을 위한 두 가지 차원에서 그 대안을 알아보았다. 하나는 개인적 차원이고 다른 하나는 사회적 차원이다. 개인적 차원은 인간의 도덕적 자율성 측면을 말한다. 사회적 차원은 강제력이라고 할 수 있는 제도적, 정치적 힘에 의한 정책과 제도의 측면을 말한다.

사회적 차원에서 최소한 지킬 수 있는 두 가지를 제안하였다. 하나는 경기장 내 의료진의 상설의무화 방안이다. 다른 하나는 체급별 경기의 정상체중을 적용하는 것이다. 체급별 경기의 경우 무리한 체중감량이 죽음의 원인이 되기 때문에 이에 대비하는 차원에서의 방안이다. 그리고 개인적 차원에서 운동선수의 저항의식과 죽음교육에 대하여 알아보았다.

1. 사회적 차원

죽음으로부터 운동선수를 구원할 수 있는 방안 가운데에서 사회적 차원의 대안으로 경기장 내 의료진의 상설의무화 방안을 생각할 수 있다. 운동경기는 위험을 내재하고 있기 때문에 사고를 대비한 전문 의료진이 구성되지 않으면 경기를 실시할 수 없도록 하는 방안을 제도적으로 강화할 필요성이 점점 높아가고 있다. 아마도 우리는 설마 사고가 발생하겠나 하는 안일한 생각 때문에 의료진의 구성을 중요하게 생각하지 않기 때문에 생각보다 더 큰 사고를 당한다.

이외에도 체급별 선수들의 보호차원에서 체중을 표준화하는 방안을 생각할 필요가 있다. 이러한 장치의 부재로 인하여 선수들이 무리한 체중 감량을 감행하게 되고 그 결과 상해와 죽음의 원인으로 작용하게 된다. 몸의 항상성이 깨지지 않는 범위 내에서 체중 감량을 할 필요가 있다. 이를 위해서는 정상체중(키와 체중을 고려한)을 고려한 체급별 경기가 필요하다.

첫째, 경기장 내 의료진의 상설의무화 방안이다. 국내의 운동경기 대회에서도 의료진이 배치되는 것은 이제 상식이라고 할 수 있다. 그러나 이러한 상식조차도 지켜지지 않는 것이 국내의 현실이다. 설마 사고가 나지는 않겠지 하는 안일한 생각들이 대형 사고를 가져온다. 실례로 프로야구의 임수혁 선수의 경우와, 지방의 모 대학교에서 개최된 합기도 대회에서 발생한 고등학교 합기도 선수의 죽음의 경우에서도 찾을 수 있다.

이 선수의 죽음은 의료진이 배치되지 않은 상태에서 발생한 일이라고 볼 수 있다. 이들의 경우 의료진이 그 현장에 있었다면 응급조치에 의해서 생명은 구할 수 있었을 것이다. 특히 고등학교 합기도 선수의 경우는 경기의 특성상 위험성이 존재하는데도 의료진을 배치하지 않은 일은 간과할 수 없는 간접적인 살인행위라고 볼 수 있다.

따라서 모든 경기장 내의 의료진의 고정배치가 필요하다. 형식적인 의료진의 배치가 아니라 선수생명의 보호차원에서 경기가 진행되는 동안에 의료진을 고정으로 배치하는 일종의 제도적 장치가 보완 되어야 할 것이다. 그렇지 않다면 운동선수는 의료혜택의 사각지대에 머물 수밖에 없다. 운동은 위험을 내재한 것이기 때문에 의료진의 배치는 죽음으로부터 운동선수를 구원할 수 있는 하나의 방법이다.

둘째, 체급별 경기의 체중표준화(정상체중)이다. 체급별 경기에서 체중 조절은 중요한 문제이다. 체급별 경기를 한 것은 그리스의 올림픽 경기에서도 실시된 오래된 방법이다. 이것은 평등한 경기를 하기 위한 방안이라고 볼 수 있다. 문제는 이 제도를 악용한 사례가 등장한다는 것이다. 자신의 정상체중 이하의 경기에 참여하여 메달을 노린다는 것이다. 자신의 정상체중으로는 좋은 성적을 유지하기 어렵기 때문에 체중을 줄여서 승리를 하려는 것이다.

이러한 과정에서 제도 자체는 문제가 없는데 이를 악용하기 때문에 문제가 발생하는 것이다. 그렇기 때문에 지금처럼 키와 몸무게에 상관관계 없이 일률적으로 체중만으로 체급을 결정하는 것은 지금과 같은 한계를 가지게 된다. 이를 막을 수 있는 방법으로 키와 몸무게의 상관관계를 고려한 정상체중을 고려하여 경기에 참여시키는 방안을 마련할 필요가 있다.

2. 개인적 차원

운동선수를 죽음으로부터 구원할 수 있는 대안은 운동선수의 저항의식과 운동선수의 죽음교육을 들 수 있다. 운동선수와 지도자의 관계가 과거의 수직적 관계에서 수평적 관계로의 전환을 통하여 의사소통을 하는 가운데 훈련방법을 실시해야 한다. 선수의 입장에서 무리한 훈련방법이나 비인간적인 처사에 대하여 저항을 할 필요가 있다. 그리고 운동선수의 죽음교육은 죽을 수 있다는 생각에서, 근시안적 목적보다는 거시적인 관점에서 훈련하고 승리만을 위한 경기보다는 의미를 찾을 수 있는 경기가 될 수 있도록 하여야 할 것이다. 이를 위한 개인적 차원의 실천방안을 두 가지로 나누어 알아보았다.

첫째, 운동선수의 저항의식이 필요하다. 군대나 운동선수 세계에서 저항은 곧 죽음이다. 명령에 죽고 사는 것이 군인이다. 이 말은 군대와 운동선수 세계에서 통용되는 말이다. 감독이나 코치에게 저항했다가는 그 시간 이후로의 선수생활은 끝이다. 감독에 의해서 주전선수가 될 수 있고 대학진학을 할 수 있기 때문에 감독의 명령을 따르지 않는다는 것은 있을 수 없는 일이다. 감독의 말에 복종하는 것은 운동선수 세계에 불문율이다. 이러한 악습으로 인하여 아직까지 운동선수 세계에서 체벌을 빙자한 폭력이 사라지지 않고 존재하는 이유이다.

이로 인하여 지도자는 무소불위의 막강한 권력을 행사하게 된다. 자신의 말과 행동에 대한 긴장이나 자제를 하지 않고 자신의 감정에 치우쳐 행동과 말을 하기가 일쑤이다. 심지어 감독의 무리한 훈련방법에 대하여 선수들은 이의를 제기할 수 없다는 것이다. 무리한 훈련방법이 선수생명을 단축시킬 수 있다. 우리는 이전에 황영조 감독이 무리한 훈련방법과 식이요법에 항거하여 선수숙소를 탈출한 사례를 알고 있다. 선수들의 사전 동의 없이 감독의 무리한 권력 행사는 이 같은 극단의 사태를 만들고 만다. 심지어 이러한 훈련방법이 선수를 죽음으로 몰고 갈 수 있다는 것이다. 선수 개인의 체력상태나 능력을 고려하지 않고 획일적으로 적용하는 것은 문제가 있다.

2002년 전국체전에 참가한 유망한 고등학교 레슬링 선수가 경기 도중 사망한 사건이 있었다. 이 사건은 선수의 무리한 체중 감량이 원인이 된 것도 있지만 인간 이하의 훈련방법으로 인하여 선수생명을 앗아 갔다. 선수의 체력이 고갈될 때까지 훈련을 시키는 것은 감독의 무능한 훈련방법이다. 이러한 훈련방법은 어떤 연구결과에서도 찾을 수 없는 매우 혹독하고 잔인한 연습방법이다. 일종의 지옥훈련이라는 것이 경기력 향상보다는 죽음을 재촉하는 사례라고 할 수 있다.

이제 선수들이 죽지 않기 위해서는 자신의 몸을 스스로 지켜야 한다. 그 하나의 방법이 저항의식을 갖는 것이다. 자신의 생각에 감독의 말이 무리가 있다면 그것에 대하여 이의를 제기하고 수정을 요구해야 한다. 지도자도 무리하게 선수에게 훈련을 시키지 말고 사전에 선수와 대화를 통하여 훈련방법에 대하여 조정하는 것이 선수의 생명을 보호하고 경기력을 향상시키기 위한 좋은 방법이다. 무조건 지도자의 권위를 내세워 선수를 무리한 훈련에 내몰아서는 안 된다. 시대가 변한 만큼 훈련방법과 선수관리도 바꾸어야 할 것이다. 과거의 혹독한 훈련방법으로 선수를 훈련시키기보다는 선수가 자발적으로 훈련받을 수 있어야 한다.

이상과 같이 죽음으로부터 운동선수를 구원하기 위해서는 운동선수의 저항의식이 필요하다. 저항은 반항이 아니다. 부당한 행위와 훈련방법에 대한 수정을 요구하는 합리적인 의사소통방식이다. 그동안 감독위주의 수직적 의사소통방식에서 수평적인 의사소통방식의 도입이 필요함을 암시하는 것이다. 이 방법이 운동선수들에게 필요한 것 중에 하나라는 것은 운동선수 경험이 있는 사람들은 쉽게 공감할 수 있을 것이다. 그렇게 되면 함부로 선수의 인격을 무시하지 못할 것이고, 선수 이전에 인간이라는 생각을 가지고 선수를 존중하는 가운데 훈련이 이루어 질 수 있을 것이다.

둘째, 운동선수의 죽음교육이다. 죽음교육이라는 말은 죽음과 관련된 타당한 지식을 유용하게 하며 죽음에 관한 가치와 태도가 인간 행동에 어떤 영향을 미치는지에 대한 인식의 기회를 제공하는 사회적 활동이다. 죽음상담은 일종의 상호 인격적 과정으로서, 일반적으로 자신의 죽음이나 유의미한 타자의 임종 시 겪게 되는 심각한 상실감의 위기에서 개인이나 집단으로 하여금 회복할 수 있도록 돕는 일련의 상호 인격적 과정이다. 교육철학자 강선보에 의하면 죽음교육이란 죽음과 임종에 관한 교육을 지칭하지만, 그 이상의 것을 내포하고 있다고 한다. 좀 더 구체적으로 죽음과 임종 그리고 삶과의 관계를 계속적으로 탐구하는 과정이라고 말한다.[70]

인간의 죽음을 자연사적 죽음과 돌연사 그리고 사고사 등으로 구분한다면 운동선수의 죽음은 사고사로 볼 수 있다. 인위적인 것들에 의한 심장마비, 뇌출혈 등의 부상으로 죽는 경우가 상존하기 때문에 분명히 사고사라고 볼 수 있다. 운동선수는 죽음에 일반인들보다 더 가까이 노출되어 있다. 이러한 차원에서 오진탁은 "보통 사람들은 죽음을 남의 문제라고 생각하는 경향이 있다. 자신의 죽음과는 거리가 멀다고 보고 삶에만 골몰하다가 불행한 죽음을 맞게 되는 것이다."71) 운동선수들에게 불행한 죽음을 당하지 않게 하기 위하여 죽음교육이 누구보다도 필요하다. 운동선수는 생명보험의 대상에서도 특별대상으로 구별된다. 그만큼 운동선수들에게 사고나 죽음은 다반사의 일이기 때문이다. 그렇기 때문에 운동선수들에게 죽음교육은 절실하게 요구된다.

죽음교육의 목적은 죽음에 몰두하는 데 있는 것이 아니라 삶에 대한 감수성을 조장하는 데 있다. 죽음교육은 삶을 위한 것이다. 다시 말해 죽음교육의 목적은 학생들에게 죽음의 개념을 내면화하게 하여 완전한 삶을 영위할 수 있게 하는 데 있다. 죽음교육의 목적을 인간의 행복증진이라고 진술하는 것이 다소 역설적인 것 같지만, 죽음

70) 강선보, 1996: 160.

71) 연합뉴스, 2004년 1월 9일자.

에 대한 학습을 통해 우리는 삶을 더 잘 살 수 있게 되고, 실제로 보다 더 완전한 삶을 누릴 수 있다.[72)]

이상과 같이 죽음을 향한 존재인 인간은 죽음을 항상 생각하여 후회 없는 삶을 맞이하기 위해, 좀 더 행복한 삶을 위해, 죽음을 준비해야 한다. 한 인간으로서 운동선수의 경우, 현재는 죽음을 향하여 가속 페달을 밟고 있는 모습이다. 가속페달에서 벗어나기 위해서 운동선수들은 늘 죽음을 염두에 두고 자신이 운동하는 행위에 대한 내적 차원에서 의미를 발견하는 것이 필요하다. 승리라는 외적 차원의 추구보다는 내적 차원에서 그 행위의 목적을 찾을 수 있다면 보람과 의미를 발견할 수 있을 것이다.

결론

이상과 같이 운동선수들의 죽음의 원인을 알아보고 그 대안을 알아보았다. 운동선수들의 죽음의 원인을 승리에 대한 강박 관념과 과도한 스트레스, 지나친 체중 감량, 선수관리의 문제, 운동선수 특유의 질병, 과도한 훈련 등에서 찾을 수 있었다. 이에 대한 구체적인 대안을 사회적 차원과 개인적 차원으로 구분하여 알아보았다. 사회적 차원의 방법들은 경기장 내 의료진의 상설의무화, 체급별 경기의 체중표준화 등이고, 개인적 차원의 방법은 운동선수의 저항의식과

72) 강선보, 1997: 161.

운동선수의 죽음교육이다.

이제 운동선수의 연습은 강요된 연습이 아니라 자발적 연습이 되어야 할 것이다. 이 땅의 운동선수들의 훈련방법에 대한 대대적인 수술이 필요하다. 단지 결과와 현상적인 승리와 과시를 위한 비인간화된 훈련방법보다는 선수들의 내적 참 자아를 찾는 방법의 수용이 요구된다. 그러기 위해서는 운동선수도 사람이라는 인식이 사회저변과 운동선수 세계 속에 우선적으로 선행되어져야 한다. 운동선수는 서커스에서 재주를 부리는 곰이 아니라 생명과 인격을 가지고 있는 존엄한 존재라는 사실이 무엇보다도 사회 전반적으로 부각되어야 한다.

현실은 학교명예, 감독의 직업보장, 학부모의 자식자랑을 위해서 운동선수는 강요와 승리에 대한 강박관념을 가지고 늘 긴장된 상태에서 일상의 운동연습에 내몰리고 있다. 그렇게 되면 운동선수는 스포츠 그 자체를 즐기지 못하고 강압적으로 하게 될 수밖에 없다. 만약 운동선수가 운동행위에서 어떤 의미를 발견하지 못한다면 그 운동선수의 운동행위는 기계적인 반응으로 밖에 수용될 수가 없다. 그러므로 운동선수에게 자발적인 선택과 자유를 줄 필요가 있다. 즐기는 가운데 운동의 의미를 발견하고 운동능력의 향상을 도모할 수 있다. 이것이 운동선수를 죽음으로부터 자유를 찾을 수 있게 하는 방법이다. 운동선수의 자유야말로 운동선수의 존재이유를 극명하게 보여주는 빛이다.

결국 운동선수가 죽음의 그림자에서 벗어나기 위해서, 지도자는 운동경기에서 중요한 것은 승리보다는 교육에 있음을 인식할 필요가 있다. 지도자가 단지 승리만을 위하여, 운동선수를 가혹하게 대우하는 것은 선수를 위함이 아니라 지도자 자신의 생존과 명예를 위한 것이다. 승리보다 교육에 무게를 두어 교육적 효과를 얻을 수 있도록 하는 것이 필요하다. 왜냐하면 감독과 지도자는 조련사가 아니라 교육자이기 때문이다. 그리고 운동선수는 승리와 기록의 외적 차원보다는 의미와 보람의 내적 차원을 지향해야 할 것이다.

2장

스포츠의 고향 상실과 회복

한국사회는 농경사회 속에서 자급자족하는 농업을 위주로 삶을 유지해왔다. 1960년대 근대화 과정에서 농촌의 삶은 피폐해지고 젊은 노동력을 가진 이들은 생계를 위하여 도시로 대거 몰려들었다. 그래서 도시는 인구의 팽창과 교통 혼잡 그리고 공기오염으로 안락한 보금자리가 위협에 직면하게 되었다. 대도시에 집중되어 살고 있기 때문에 주택, 교통, 교육 등 많은 문제점을 가질 수밖에 없게 되었다. 인구과밀화 현상은 생존과 문화, 교육을 위해 많은 사람들이 도시에 모여든 결과이다. 사람들은 배고픔은 해결했지만 고향을 그리워하는 고향 상실증에 빠지게 되었다.

근대화 이전의 스포츠는 합리화, 도구화, 제도화되지 못하였다. 근대화 과정을 통해서 스포츠는 파토스 요소가 상실되었다. 수량화하는 스포츠에서 우리가 찾을 수 있는 고향은 이미 점점 멀어져 가고 있다. 즉, 경쟁과 경기위주로 스포츠가 지향하는 과정에서 우리는 스포츠 그 자체의 본질이라고 하는 유희성과 진지함 등의 요소들을 상실하였다. 그 결과 스포츠 하는 인간이 스포츠에서 소외를 당하게 되었다. 스포츠가 나를 위해 존재하는 것이 아니라 내가 스포츠를 위해 존재하는 모습이 되었다.

스포츠에서 자기 성취를 통하여 주인이 되어야 한다는 생각도 이제 잊게 되었다. 남을 의식하지 않고 유희와 성취감을 경험할 수 있다면 그것이 운동하는 진짜 이유이다. 하지만 현실은 그렇지 않다. 다음의 글을 읽어보자. "인간에게 유용한 목적을 '어떻게 달성할 것인가' 하는 기술지만이 존중되고 인간의 '삶의 가치와 목적이 무엇인가' 하는 목적지를 망각한다면 인류는 파멸을 면치 못할 것이다."[73]

현대 엘리트스포츠에서 어떻게 하면 승리할 수 있고, 기록을 경신할 수 있는지에 대한 기술지만을 높이 평가하고 그것을 과도하게 추구하고 있다. 하지만 스포츠의 가치와 목적이 무엇인가에 대한 목적지에 대한 탐구는 점점 상실하고 있다. 엘리트스포츠의 경기력 향상을 위한 스포츠과학은 발전하고 있지만 스포츠철학이나 스포츠윤리와 같은 분야는 그 중요성에도 불구하고 여전히 제자리걸음을 유지하고 있을 뿐이다. 이러한 경향이 바로 스포츠의 고향 상실증에 빠지게 하는 사회적 분위기라고 할 수 있다.

인간들이 고향회귀를 꿈꾸는 것처럼 엘리트스포츠의 운동선수 또는 스포츠 역시 강한 고향회귀를 꿈꾼다. 하지만 현실은 스포츠의 고향에서 점점 멀어지고 있다. 고향에서 멀어지는 것은 고향 상실증

73) 김용정, 1998.

에 빠졌음을 입증한다. 이러한 맥락에서 하이데거의 고향개념은 스포츠에 있어서 고향의 의미를 반성해보는 데 중요한 비판적 의식을 일깨워준다. 그러므로 이 글은 고향 회복을 위하여 하이데거의 고향개념을 분석틀로 엘리트스포츠, 아마추어스포츠, 학교체육, 생활체육을 포함하는 현대 스포츠에서 나타나는 고향 상실에 관한 문제를 알아보고 고향회복의 길에 대하여 찾아보았다. 이 글에서의 스포츠의 영역은 현대 스포츠 전체를 지칭하지만 특히 엘리트스포츠에 그 초점을 두었다. 연구절차는 하이데거의 고향개념에 대하여 알아보고, 이러한 전재를 가지고 하이데거의 관점을 적용하여 스포츠의 고향 상실의 원인을 분석하였다. 그리고 스포츠의 고향 회복을 위하여 필요한 것들을 찾아보았다.

고향의 뜻

고향이라는 말은 재미있는 용어다. 독일어는 Heimat이고 이 발음에 해당하는 영어는 High mart다. 표기는 틀리지만 한국어 발음은 하이마트다. 농촌과 도시 그 어디에서도 쉽게 접할 수 있는 것이 가전제품을 판매하는 하이마트다. 광고 때문에 아주 익숙하게 된 용어다. 잘 귀 기울여 보면 사람들은 하이마트를 갈망하고 있음을 들을 수 있다. 도시에 사는 사람들은 생활용품을 구입하기 위하여 주차장이 잘 구비되어 있는 하이마트에 자주 간다. 그곳은 현대 물질문화의 최고를 보여주는 상품이 즐비하게 진열되어 있다.

하이마트에 가서 소비욕구를 충족시켜도 충족되지 않는 또 다른 하이마트가 있다. 역설적이지만 소비하면 할수록 부족함을 느끼게 된다. 그것은 내면의 하이마트인 고향에 대한 그리움이다. 설날이나 추석의 귀향행렬은 보기 드문 놀라운 현상이다. 교통체증을 알면서도 귀향을 멈추지 않는 것이 귀향에 대한 강한 욕구 때문이다. 하이데거는 다음과 같이 고향에 대하여 말하였다.

> "던져져 있음과 세계 내 존재 가운데 있는 인간 현존은 그 본래성이 비본래성에 의해 은폐되어 본래성을 잃어버렸고 따라서 실향한 상태이다. 그리고 고향인 본래성의 회복이야말로 철학자의 과제이고, 또 인간의 근본적인 지향 목표이다."[74]

하이데거가 말하는 고향은 존재를 지칭하기 때문에 고향 상실은 존재망각을 의미하는 것이다. 세계 내의 모든 동물 중에서 인간만이 존재 이해가 가능하기 때문에 존재를 알 수 있다. 하지만 기술문명 속에서 인간은 존재망각으로 치닫고 있다고 하이데거는 말한다. 기술문명의 발전으로 고향은 도시화되어 가고 과거의 고향의 모습은 점점 사라지고 있다.

우리가 꿈꾸는 고향의 모습은 이제 지상 어디에도 존재하지 않는다. 마음속 고향으로 자리를 옮겨 자리를 잡고 있을 뿐이다. 타향살이에 지친 인간들이 편하게 육신을 쉬고자 하는 마음을 갖는다. 이

74) 이기상, 1998; 이기상 · 구연상, 1998; 전광석, 1999, 피터 하, 2005.

때문에 고향을 그리워 하면서 언젠가는 타향살이를 접고 고향으로 가려고 한다. 고향은 우리가 귀향하고자 하는 지점이다. 고향은 존재의 안식처이며 자유를 안겨줄 수 있는 곳이다.

하이데거는 현대인이 처한 상태를 존재망각, 고향 상실증이라고 진단하고 있는데, 현대인은 쉽게 기술문명에 대한 맹신에 빠져들어 자신들의 실존을 가능하게 하는 터전인 존재를 상실하거나 망각하고 있기 때문이다. 이런 점에서 하이데거는 오늘날 우리가 생각해야 할 것은 우리가 존재에 대해서 생각하려고 하지 않는다는 사실을 자각하는 것이라고 역설한다. 하이데거의 시각에서 보자면 철학의 역할은 다른 것이 아니라 현대인의 기술문명 속에서 점점 상실해가는 실존과 존재의 의미를 음미할 수 있는 지평을 제공하는 것이라고 말할 수 있을 것이다.[75)]

스포츠의 고향은 무엇인가? 스포츠기술이 발달하면 더불어 엘리트스포츠의 경기력과 기술이 발달하지만 결국에는 엘리트스포츠의 근원적인 놀이, 자연, 윤리적 성격 등이 상실된다. 기술의 발달 속에서 운동선수들은 도구화, 수단화되어 가기 때문에 운동기계가 될 가능성이 여전히 높다. 도구화된 운동선수는 자기존재의 의미를 온전히 상실할 수 있다. 이 말은 곧 스포츠의 고향 상실을 의미한다.

하이데거 철학에서 고향은 진리이다. 우리 모두 타향살이에서 고향으로 돌아가고 싶은 욕구를 내면화하고 있다. 스포츠의 고향은 우

75) 이서규, 2003.

리가 지금까지 잊고 있는 것들이다. 스포츠의 고향을 형성하는 것은 놀이, 자연, 윤리적 특성 등이다. 이런 것들이 스포츠의 고향으로 스포츠 하는 인간을 향하게 한다. 그러나 현대 엘리트스포츠는 기록, 경쟁 위주의 경기 중심의 일변에서 이러한 고향을 의미하는 것들이 사라지고 있음을 알 수 있다.

스포츠의 고향 상실

하이데거가 말하는 고향개념은 현존재의 근원적 상실을 함의하고 있다. 근원적 토대인 고향이 상실된 것은 스포츠 역시 예외가 아니다. 이런 맥락에서 고향 상실을 스포츠에서 찾아보았다. 스포츠의 고향 상실의 원인은 하이데거가 지적했던 바대로, 기술문명으로 인한 인간실존을 망각하는 것에서 기인된다. 이것은 스포츠의 타락이라는 위기로 연장되며 보다 구체적으로 타락의 현실은 스포츠오락화, 선수를 도구화하고 수단화를 재촉하는 기록화, 과도한 경쟁을 유도하는 상업화 등의 모습으로 나타나고 있다.

1. **오락화:** 놀이의 타락

놀이연구에 대한 요한 호이징하의 공헌은 실로 위대하다고 할 수 있다. 그는 인류의 문화는 놀이에 바탕을 두고 있다는 사실에 대하여 학문적인 접근을 처음으로 제시하였다. 인간을 놀이하는 인간이라고 규정하고 방대한 역사적 자료를 가지고 모든 문화 내에서 놀이의 흔적을 찾아내었다. 그의 연구에 이어서 로제 카이와는 놀이문화를 네 가지로 구분하여 인류의 문화를 분석하였다. 우리 사회 역시 네 가지 정도의 형태로 놀이문화가 분류된다. 로제 카이와가 분류한 네 가지 형식은 경쟁, 운, 모의, 현기증이다. 이 네 가지의 놀이 본질을 가지고 우리 사회의 놀이문화, 더 나아가 엘리트스포츠를 진단하여 보자.

첫째, 경쟁이다. 경쟁의 형태로 나타나는 놀이문화는 엘리트스포츠이다. 사회현상에서 이종격투기와 같은 과도한 경쟁을 유도하는 운동들이 사회의 관심을 받고 있다. 피를 보면서 열광하는 격투기에 사람들이 많은 관심을 가지는 이유는 현실의 스트레스를 해결하기 위함과 욕망을 정화시키려고 한 장치의 역할을 하기 때문이다. 과열된 경쟁의 엘리트스포츠는 폭력의 카타르시스의 역할을 하고 있다는 긍정적 시선도 있지만 이는 경쟁 부분이 과열되어 나타나는 놀이의 타락이라고 볼 수 있다. 지나치지 않은 경쟁적 행위는 삶의 스트레스 해소와 욕망을 실현하는 중요한 장치의 역할을 할 수 있지만 과열된 경쟁은 문제를 만든다.

둘째, 운이다. 운의 형태로 나타나는 엘리트스포츠는 합법화된 스포츠도박이다. 인생은 한 방이라고 하는 말이 일상적으로 우리 사회를 점유하고 있다. 스포츠복권의 광고가 우리 의식을 지배하고 있기 때문에 사람들이 현실적 삶에서 벗어나는 길을 복권과 스포츠도박에서 찾는다. 부자가 될 확률이 적기 때문에 부자가 되고 싶은 욕망의 실현을 복권과 도박을 통해서 해소하는 것이다. 대박은 개인의

능력보다는 운에 의존하는 부분이 많다. 문제는 적당한 복권 구입은 여가행위로서 가능하지만 그 정도가 지나치면 문제가 발생한다. 자기 재산의 상당 부분을 스포츠도박이나 복권에 투자하다 보면 가정경제의 파탄과 국가경제에 악영향을 미칠 수 있다. 문제가 있다고 합법화된 복권과 스포츠도박을 금지하는 것은 해결책이 되지 못한다. 적당한 복권과 도박만이 우리들이 가지고 있는 운에 대한 욕구를 해소할 수 있을 것이다.

셋째, 모의이다. 모의 형태로 나타나는 놀이문화는 탈육체성스포츠와 미디어스포츠이다. 인터넷, TV 등의 미디어스포츠는 우리 놀이문화의 대부분을 점유하고 있다. 어린이들과 청소년들의 온라인게임은 중독의 수준을 넘어 거의 일상화되고 있다. 온라인중독은 청소년들을 폐인으로 만들고 깊은 생각과 진지한 고민을 하지 못하게 하는 경향이 있다. 이러한 중독현상이 청소년들의 사회적 범죄와 연결되어 나타나는 크고 작은 사건들에 주목할 수 있다.

넷째, 현기증이다. 현기증 형태로 나타나는 현상은 운동선수들의 약물복용이다. 경기력 향상이나 승리에 대한 강박관념에서 벗어나기 위해서 약물의 힘을 빌린다. 이러한 현상은 기록과 승패를 가르는 엘리트스포츠에서 나타나는 현상이다. 약물복용은 선수들의 건강과 생명위험, 공정성 문제 때문에 금지되고 있지만 여전히 약물복용의 문제는 사라지지 않고 새로운 물질이 개발되고 있을 정도이다. 이는 엘리트스포츠가 선수의 생명을 죽일 수 있음을 알 수 있게 한다.

이상과 같이 엘리트스포츠에 나타나는 놀이문화에 대하여 알아보았다. 지금 우리 놀이문화는 타락의 징후를 보여주고 있음을 알 수 있다. 놀이문화의 타락은 과도한 집착과 과열 때문에 나타나는 현상으로 해석된다. 우리가 경계해야 할 것은 경쟁, 운, 모의, 현기증 등의 과열과 집착 그리고 편중된 놀이문화이다. 진단을 통하여 발견한 문제는 집착과 과열에 따른 놀이의 타락이다. 인간은 놀이하는 존재이고 모든 인간의 행위를 놀이행위로 볼 수 있다. 하지만 그 놀이정신의 중용적 발현이 요구되는 이유도 여기에 있다. 우리 사회의 놀이문화의 건강지수를 일정한 거리를 유지하면서 보면 그리 높지 않음을 알 수 있다. 운동선수는 운동기록이나 놀이의 즐거움으로부터 자유롭지 못하다. 그 이유는 놀이의 과열과 집착 때문이다. 놀이의 타락에서 벗어나는 길은 놀이 그 자체를 즐길 수 있는 문화를 실천하는 것이다. 이것이 오늘 우리의 놀이문화를 포함한 스포츠문화의 숙제이다.

2. 기록화: 맹목적인 기록추구

과학기술의 발전으로 인간 한계를 극복하고 운동경기의 기록을 바꾸어 왔다. 어떻게 보면 운동경기에서 기록경신은 일종의 인간의 기록경신이 아니라 운동장비의 기록경신이라고 할 수 있다. 운동경기에서 인간이 기술에 대해 의존하는 비율이 증가하는 현상을 발견할 수 있다. 이를 통하여 우리가 알 수 있는 사실은 인간의 생물학적 진화는 이미 끝났다는 것이다.

기록은 측정 도구의 발달에 의하여 지속적으로 향상되어 왔다. 이것은 인간의 생물학적 진화가 아니라 기술과 용구들의 발전 때문이라는 것을 입증해준다. 이미 인간의 기록은 인간들의 경쟁이 아니라 첨단 기술과 그 기술에 의한 용기구들의 경쟁이다. 결국 첨단 장비들에 의하여 운동경기의 기록은 지속적 성장을 가져오게 되었다.

기술문명이 엘리트스포츠를 지배하고 선수를 도구화하고 비인간화시키고 있다고 해서 기술문명을 부인하고 파괴할 수는 없는 일이다. 이미 우리는 기술문명의 바다에서 항해하고 있기 때문이다. 기술문명을 떠나서는 생존할 수 없게 되었다. 그러기 때문에 기술문명을 즐기고 사랑할 수밖에 없다. 당장 우리에게 요구되는 것은 기술문명과 소통하고 화해와 상생의 길을 모색하는 길만이 남아 있다.

이미 탈육체성의 스포츠는 기술문명의 시대에 넘쳐나고 있다. 그러나 체육학 내의 입장은 육체가 개입되지 않기 때문에 체육이나 스포츠로 볼 수 없다고 분명히 하고 있다. 기술문명의 시대를 항해하고 있는 우리에게 그것 자체를 부정할 수 있는 입장이 아니라는 것이다. 열린 마음을 통해서 탈육체성의 스포츠에 대한 관심과 수용 그리고 상생의 길을 찾아야 할 것이다. 이미 e-스포츠대회, 유비쿼터스 스포츠, 사이버 스포츠 등의 탈육체성의 스포츠가 넘쳐나고 있기에 이것을 방관할 수 만은 없는 일이다. 세계대회 역시 대규모로 열리고 있을 정도이다.

엘리트스포츠는 기술발달에 의하여 외향적 발전을 도모하였다. 첨단과학을 통한 새로운 도구들의 등장은 세계 기록을 빠르게 교체하였다. 신기록은 회를 거듭할수록 향상되고 있지만 기술에 의한 기록은 인간의 기록이기보다는 첨단 장비에 의한 기록이라고 보는 것이 현실적 인식일 것이다. 과학과 경제가 발전한 나라가 올림픽에서 많은 메달을 획득한 것을 이제는 자명한 사실로 받아들이고 있다.

오늘날 신기록 수립을 위하여 첨단 기술과 기구를 사용하여 경기를 하지만 문제는 경기의 자연성, 놀이성, 윤리성이 상실된다는 것이다. 지나치게 기술에 집착하는 것은 운동선수의 운동에서 발견할 수 있는 놀이성과 유희성 그리고 신체성의 상실을 초래하게 된다. 그래서 기술에 의존하게 됨으로써, 역설적으로 스포츠의 원시성에서 점점 멀어진다.

기록에 대한 잘못된 인식구조 때문에 선수들은 비인간화되고 있다. 기술의 발달로 기록은 딜레마에 빠지게 되었다. 인간은 스포츠를 위해 존재하게 되었다. 적어도 스포츠는 인간을 위해서 존재하는 것인데, 지금은 인간이 스포츠를 위해 존재하게 되었다. 이것은 기록의 단축을 위한 기술의 발달과 첨단 장비 때문에 점차적으로 스포츠의 본질은 역으로 상실하게 되었다.

운동선수에게 운동은 자신의 주체성과 성취감을 확인할 수 있는 것이어야 한다. 남을 의식하지 않고 자아 혁신을 가져오는 몸의 성취를 경험하는 운동이 필요하다. 너무 비싼 최신의 장비에 의존하다 보면 장자가 말하는 기심에 빠져서 타향에서 거리를 방황하게 될 수 있다.

3. 상업화: 신자유주의와 스포츠

신자유주의가 지배하는 사회에서 스포츠 역시 예외가 될 수 없다. 돈이 스포츠에 침투하여 스포츠의 규칙을 좌지우지할 뿐만 아니라 스포츠를 왜곡하게 되었다. 경기에서 규칙이 변화된 것은 경기 자체의 성격이 달라질 수 있음을 알 수 있다. 지금의 규칙들은 카메라의 초점에 맞혀 재미와 오락 중심으로 변경되고 있다. 빠르게 경기 자체가 움직여지고 있다.

미디어스포츠의 등장으로 미디어가 스포츠의 경기운영과 대회기간, 유니폼의 형태, 경기시간 등에 관여한다. 스포츠는 좀 더 재미있는 오락화를 지향하게 되었다. 스포츠는 미디어와 의존관계를 형성하게 되면서 스포츠의 오락화가 진행되었다. 이런 관계에서 미디어는 스포츠를 통해 다양한 볼거리를 요구하게 되었다. 기술과 약물의 남용관계 또한 이런 연관관계에서 나타나게 된 것이다. 인간 신체의 한계를 경험하게 되는 운동선수들은 기록 단축을 위하여 약물의 유혹에 빠지기 쉽다.

이미 많은 올림픽과 세계대회의 기록들은 약물을 통하여 기록되었다는 의혹에서 자유롭지 못하다. 그렇기 때문에 지금의 입장에서 선수들의 신기록은 사실상 어렵게 되었다. 도핑 테스트의 엄격함과 기록 측정 장비의 발달에 의하여 기록의 경신이 불가능한 상황이 되었다. 과거에 발견할 수 없었던 도핑물질을 발견할 수 있기 때문에 좀처럼 기술경신이 어렵게 되었다. 그래서 약물을 통한 수행능력을 강화시키는 과잉된 신체를 양산하게 되었다. 이처럼 도핑은 기록을 위한 인간의 신체의 손상을 결과적으로 가져오게 되었다.

거대 자본에 의하여 야구, 축구, 농구 등의 엘리트스포츠는 활성화 되었다. 선수들은 억대 연봉을 받고 대기업들은 자사 프로팀을 통해서 많은 광고효과를 보고 있다. 많은 관중을 끌어들이기 위하여 해외에서 우수한 선수들을 영입하게 되었다. 경기력 향상이라는 이점을 가지고 있지만 국내 선수들의 취업에 어려움을 겪게 되었다. 뿐만 아니라 스포츠의 양극화 현상으로 인기스포츠와 비인기스포츠의 구분을 가져왔다. 이 틀에서 운동선수는 일류와 이류로 엄격히 구분되고, 차등한 대우를 받게 된다.

스포츠의 고향 회복

기술문명과 스포츠의 관계는 비관론과 낙관론을 가질 수 있다. 비관론에서 보면 기술문명에 의하여 스포츠는 도구로 전락하여 유용성과 인징성을 획보했지만 놀이성은 상실되었다고 할 수 있다. 하지만 스포츠 하는 인간이 기술에 의하여 소외되고 비인간화되는 주된 이유는 스포츠에서 사유가 제거되었기 때문이다. 기술문명 시대의 사유 없는 스포츠는 고향 상실증에 빠지고 존재의미를 망각하게 된다. 그렇기 때문에 우리는 두려운 안락함을 경험하게 되는 것이다. 이러한 맥락에서 스포츠의 고향회복을 놀이, 자연, 윤리적 특성에서 찾아보았다.

1. 놀이성

우리 사회에 팽배한 의식은 빠름에 대한 지향성이라고 할 수 있다. 빠름의 원인은 경쟁정신을 통해서 나타나는 의식작용에 바탕을 둔다. 너나 할 것 없이 모두 빠르게 산다. 전화 한 번 하기조차 어렵다. 이 때문에 통화할 때에도 상대에게 통화 가능한지를 우선적으로 묻게 된다.

모두가 시간이 없다고 한다. 과연 시간이 없는 것인가, 아니면 마음이 없는 것인가? 우리가 물리적 시간에 쫓기다 보니 마음이 없게 된다. 마음의 시간은 경쟁정신과 관계가 깊다. 경쟁정신은 우리 의식의 기층을 지배하기 때문에 마음의 여유가 없게 되는 것이다. 그렇다면 왜 우리는 이러한 시간의 지배를 받게 되었을까?

시간의 지배를 받게 된 것은 우리의식이 경쟁정신의 지배를 받기 때문이다. 경쟁정신이 인간의 본성이라고 주장하는 이들이 생각보다 많다. 과연 경쟁정신이 인간의 본성인지를 확인해보자. 원시의 삶을 살고 있는 아마존의 원주민의 생활상에서도 경쟁보다는 협동을 통해서 생존을 유지하는 것을 볼 수 있다.

이러한 예에 대하여 반박하는 사람이 있을 것이다. 지금은 원시시대와 다른 문화를 가지고 있다고 말이다. 지금도 경쟁보다는 협동을 통하여 더 큰 결과를 가져올 수 있는 일들이 우리 주변에 산재해 있다. 인간은 사회적 동물이기 때문에 경쟁보다는 협동이 더 필요하다. 그럼에도 불구하고 경쟁정신이 왜 우리 시대 스포츠문화의 지배정신이 되었을까?

경쟁정신은 인간의 본성이기보다는 산업사회 이후에 인위적인 시장 경제에 의해서 조작된 의식이라고 할 수 있다. 사회 전체가 큰 시장이기 때문에 그 시장에서 무엇인가 팔아야 생존할 수 있게 되었다. 이 때문에 인간은 살아남기 위하여 빠르게 생존정신에 길들여지고 우리 의식은 경쟁정신이 점유하게 되었다. 경쟁정신은 본성이 아니라 후천적으로 주입된 의식일 뿐이다. 경쟁정신은 경제발전을 위주로 한 국가발전과 기업이익을 위한 차원에서 강조되는 사항이다. 얼마나 빠른 시간 안에 얼마나 많은 것을 만들어서 얼마나 많은 돈을 벌어들일 것인가에 관심이 집중된다.

능력, 성과주의에 의해서 연봉과 월급을 주는 것은 경쟁정신을 부추기는 기업의 노림수라고 할 수 있다. 물론 능력에 따라 연봉을 받는 것은 자본주의 속성이기 때문에 이것을 탓하려고 하는 것은 아니다. 이미 우리의 시스템이 자본주의 시장경제의 논리가 지배하기 때문에 효율성과 돈의 논리가 지배하는 것은 어쩔 수 없는 일이다.

하지만 아쉬운 점은 이러한 구조가 경쟁정신을 강조하게 되어 우리 의식을 점유해 버린다는 것이다. 경쟁정신은 생산력 증가라는 장점을 가지고 있지만 개인의 특성과 창의성을 상실하게 하는 단점을 가지고 있다. 그런데도 사회는 경쟁정신만을 강조하면서 창의적 인간을 요구하고 있다. 창의적 인간은 놀이정신에서 형성되는 것인데 이것을 모르고 있는 것이다.

사회가 빠름을 지향하는 것은 경쟁정신이 우리의 의식을 지배하기 때문에 나타나는 현상이다. 어떻게 우리는 경쟁정신을 가지고 살게 되었는가? 여러 가지 해석이 가능하지만 그 중에서도 엘리트스포츠에서 그 원인을 찾아보자. 엘리트스포츠는 경쟁정신을 강조한다. 근대화 이후 잘살기 위해서는 남보다 빠르게 살아야 한다는 것을 엘리트스포츠에서 강조하여 왔다. 그 주된 역할을 한 것이 과잉된 경쟁중심의 엘리트스포츠라고 할 수 있을 것이다.

엘리트스포츠의 목적은 승리와 기록향상이라는 원대한 것이지만 사실상 경쟁력을 부추기는 역할을 해왔다고 할 수 있다. 엘리트스포츠는 누가 빠른지, 누가 멀리 뛰는지, 누가 힘이 강한지에 주된 관심을 갖고 있었다. 개인들의 스포츠참가를 통해 얻게 되는 체험은 안중에도 없었다는 것이다.

대회에서도 기록이 주가 되기 때문에 기록이 저조한 선수들은 경쟁에서 탈락하고 스포츠세계에서 사라지게 된다. 운동선수를 소외시킨다. 뿐만 아니라 경쟁정신이 타자를 소외시킨다. 스포츠가 인간을 위해 존재하는 것이 아니라 인간이 스포츠를 위해 존재하는 형상으로 왜곡되고 있다.

이처럼 경쟁정신은 빠름만을 강조하고 경쟁적 인간을 지향하기 때문에 운동선수의 삶을 황폐화시킬 수 있다. 왜냐하면 운동선수들은 계속 경기에 출전해야 하기 때문이다. 하지만 놀이정신은 경기에 참가해도 승리에 대한 강박관념에서 자유로울 수 있기 때문에 더 좋을 것이다. 운동선수들이 놀이정신을 발휘할 수 있다면 창의적인 운동문화를 만들어 갈 수 있을 것이다.

엘리트스포츠에서 놀이정신을 살리기 위해서는, 선수들의 과도한 경쟁정신 때문에 나타나는 선수의 도구화와 비인간화 정신을 사전에 차단해야 할 것이다. 특히 승리지상주의에서 벗어날 수 있도록 승리에 대한 부담감에서 자유롭게 만들어 줄 수 있어야 한다. 이외에도 선수들이 즐기는 가운데 수준 높은 경기를 펼칠 수 있도록 하는 여건이 형성되어야 할 것이다.

2. 자연성

하이데거에 의하면, 인간이 가장 행복하게 살 수 있는 본질적 거처는 바로 이 자연이고 또한 인간이 언제나 되돌아 갈 수 있는 따뜻한 고향이 바로 자연이라고 한다.[76] 이러한 입장에서 스포츠의 고향 회복은 자연에서 찾을 수 있을 것이다. 현대 스포츠는 과학과 기술문명의 지속적인 발전의 영향을 받고 있다. 이 때문에 인위적인 스포츠용구와 도구들이 운동경기의 결과를 좌지우지한다. 그만큼 인위적인 것 때문에 자연성이 상실되고 있다.

특히 인터넷 문화의 등장으로 탈 육체성 스포츠가 나타나게 되었다. 탈육체성 스포츠는 육체가 개입되지 않는 스포츠의 특성을 가지는데 이와 같은 스포츠가 대거 등장하고 있다. 개인 컴퓨터 보급이 늘어나는 과정에서 자라나는 세대의 온라인 게임은 늘어날 수밖에 없다. 온라인 게임은 우리 시대의 젊은이와 아이들의 눈을 사로잡았다. 이로 인하여 신체활동이 없이 아이들은 게임을 즐기게 되

76) 최양부, 1998.

었다.

첨단 과학 장비의 의존도가 심해질 수록 스포츠의 참맛은 잃게 된다. 왜냐하면 과학 장비의 의존은 자신의 육체성을 배제하는 것을 의미하기 때문이다. 과학 장비는 안정성을 우선으로 하기 때문에 육체에 의존도가 높은 스포츠는 사라지고 있지만 반대 현상으로 팽창하고 있는 것을 목격할 수 있다. 육체성을 중심으로 하는 스포츠가 팽창하는 이유 또한 여기에 있다. 생생한 체험을 바탕으로 한 육체성 위주의 스포츠에 대한 관심의 증가는 고향이라고 할 수 있는 자연성에 대한 관심의 증가라고 할 수 있다.

좀 더 예를 들어보자. 복싱이 많은 사상자를 내고 있지만 지금까지 폐지되지 않고 지속할 수 있었던 이유 또한 인위적인 것이 첨가되지 않은 자연성 때문이다. 원시적 형태, 즉 인위적이지 않은 스포츠를 인간들이 갈구하기 있기 때문에 사라지지 않고 있다. 지금은 이종격투기 같은 육체성이 요구되는 경기들이 생겨나고, 체험관광을 지향하는 스포츠관광 또한 육체를 중심으로 한 원시적인 스포츠 체험을 희구하기 때문에 나타나는 현상이라고 할 수 있다. 이러한 현상에는 스포츠의 자연성을 발견할 수 있다.

자연성 문제를 엘리트스포츠에 적용한다면 세계대회나 올림픽 같은 대회에서 운동도구에 대한 규제가 있어야 한다. 자연성을 살리기 위해서 용구와 용품에 대한 규제가 마련된다면 공정한 경쟁의 의미를 되살릴 수 있을 것이다. 기록경기에서 인간의 기록경신이 아니라 도구에 의한 경신이 되어서는 안 된다. 현재 엘리트스포츠에서는 장비의 과학화를 통해서 경기력에 영향을 미치고 있기 때문에 이에 대한 규제가 요구된다.

3. 윤리성

시인 횔덜린의 시 〈귀향(Heimkunft)〉에서는 인간이 다시 되돌아가야 할 고향으로서 '윤리'가 전해진다고 하였다.[77] 모든 스포츠가 상실하고 있는 것 중의 하나가 윤리성이다. 이 윤리성은 고대올림픽의 자세에서 발견할 수 있다. 고대 스포츠문화의 전형이라고 할 수 있는 올림픽게임은 신성한 제우스 신을 받들기 위한 제례경기에서 시작되었다. 고대 올림픽 게임에 참가한 모든 선수들은 윤리성을 유지하고 경기에 임하였기 때문에 경건함을 가지고 있었다.

현대 스포츠는 현재 신자유주의의 영향으로 산업 논리의 지배를 받게 되었다. 돈의 가치가 최고의 잣대가 되어 모든 것을 판단하게 되었다. 돈이 되는 스포츠를 위한 스포츠마케팅이 붐을 타면서 사람들이 이 분야에 몰려들고 있다. 엘리트스포츠는 오락과 볼거리에만 집중해서 나타나고 있다. 이 때문에 스포츠는 점점 오락화를 지향하고 있다. 이런 현상은 미디어가 스포츠를 지배하는 바람에 나타나게 되었다. 선수들의 유니폼, 경기방법 등 모든 것들이 미디어를 중심으로 이뤄지고 있다.

가볍고 빠름만이 넘쳐나는 사회에서 진지함을 통한 윤리성이라는

77) 최양부, 1998. 재인용.

것은 과거적 유물만은 아닐 것이다. 너무 빠름을 지향하기 때문에 의미 자체가 상실되고 있다. 가벼움 속에서 윤리의 가치는 빛을 보는 것이다. 빠름이라는 결과만을 추구하다보면 스포츠를 왜 하는가에 대한 근원적인 이유를 망각한 채 생각없이 기계적으로 스포츠를 하게 된다.

이상과 같이 엘리트스포츠에서 윤리성이 상실되면, 빠름 속에 모든 문화가 함몰되어 저급한 문화가 팽창할 가능성이 높다. 그렇기 때문에 빠름과 가벼움 중심의 엘리트스포츠는 의미와 보람이라는 내적 차원의 가치를 상실하게 될 가능성이 있음을 주목해야 한다. 이 때문에 진지함을 통한 윤리에 대한 관심이 점차로 요구되는 것이다. 그것이 엘리트스포츠의 지속적 성장의 길이라고 할 수 있다.

결론

하이데거에 의하면 인간이 돌아가고 안주할 고향은 기술과 지배욕을 통해 인위적으로 만들어지지 않는다고 한다. 고향이란 이미 있고, 그것은 자기를 은폐하면서도 또 개명하고 있다. 이와 같이 하이데거의 고향개념을 개념 틀로 사용하여 스포츠의 고향 상실과 회복을 탐구하였다.

스포츠가 고향을 상실하게 된 주원인은 놀이의 타락, 맹목적인 기록추구, 신자유주의 논리에 의하여 나타나는 과도한 경쟁과 상업성에서 찾을 수 있었다. 이를 극복할 수 있는 대안을 하이데거의 고향 회복 개념에서 찾을 수 있었고 이를 가지고 스포츠에서의 고향 회복을 탐구하였다. 스포츠의 고향 회복은 다음과 같다.

첫째, 놀이성이다. 신자유주의 영향 때문에 경쟁정신이 지배하는 스포츠가 점차로 증가하고 있다. 전문성과 합리성, 제도화 등의 근대 스포츠 역시 경쟁정신의 지배에서 자유롭지 못하다. 경쟁정신 때문에 놀이정신이 사라지고 있다. 스포츠의 고향 회귀는 놀이정신을 회복하는 데 있다.

둘째, 자연성이다. 과학문명과 기술발전으로 인위적인 용기구들이 많이 개발되었다. 장비의 발전은 안전성과 편안함을 주지만 자연성을 상실하게 되었다. 자연성을 회복하는 방법은 도구에 의존하기보다는 육체를 바탕으로 한 스포츠에 참여하는 것에서 찾을 수 있을 것이다.

셋째, 윤리성이다. 미디어에 의해서 스포츠의 규칙은 변경되고 있다. 규칙은 스포츠 자체의 성격을 규정 짓는 것이다. 하지만 미디어에 의해서 스포츠 규칙 자체가 변경되기 때문에 고향을 상실하게 된다. 미디어에 의한 촉진 룰이나 중계방송을 위한 경기 시간 변경 등이 그 예이다. 스포츠의 고향 회복은 윤리를 바탕으로 한 경기라고 할 수 있다. 윤리정신은 고향에 다가갈 수 있는 지름길이다.

스포츠의 고향 회귀를 준비해야 할 때이다. 이 땅에서 행해지는 모든 형태의 스포츠는 본래의 성격에서 이탈하였다고 볼 수 있다. 그 만큼 고향 회복을 위한 노력들이 따라야 할 것이다. 저자는 스포츠의 고향이 놀이, 자연, 윤리 등의 성격을 가지고 있음을 하이데거의 고향개념을 사용하여 확인하였다. 이제는 스포츠가 우리에게 무엇인가에 대한 숙고를 통하여 스포츠의 고향회귀를 위한 노력이 스포츠 그 자체와 스포츠 하는 인간들에게 요구되고 있다고 하겠다.

3장

체육의 공부론:
몸 닦달과 몸 닦기

공부는, 순수 우리 용어로 말하면 닦기와 닦달이다. 닦기는 몸과 마음의 공부이고 닦달은 사람을 몰아 세워서 무엇인가를 내놓으라고 강요하는 공부이다. 공부는 마음을 닦는 수양이기 때문에 닦달보다는 닦기가 더 적확한 용어라고 할 수 있다. 현재의 체육공부는 학생들 혹은 선수들을 닦달하여 1등이나 최고의 성적이라는 결과를 내놓으라고 강요한다. 공부가 몰아세움의 결과에 의해서 평가되기 때문에 양과 수라는 잣대를 가지고 학생 혹은 선수를 지속적으로 닦달하게 만든다.

닦달은 자신을 돌아볼 수 있는 성찰의 시간조차도 사치라고 인식하게 만든다. 오직 눈앞에 벌어지는 치열한 경쟁에서 살아남는 것이 최고라는 생각이 지배적이다. 살아남기 위해서는 자신의 몸을 닦달해서 자신이 가지고 있는 모든 것들을 쏟아 붓도록 만든다. 여기에는 수양이라는 공부가 들어설 자리가 없을 뿐만 아니라 자신을 생각할 수 있는 여유조차 찾을 수 없다. 의식 자체가 일종의 강박관념이라고 할 수 있는 닦달이 나타나게 되는 경우이다. 이 같은 현상의 원인은 다음의 글에서 확인할 수 있다.

하이데거는 기술사회를 하나의 질곡과 유사한 것으로 보았다. 하이데거는 현대사회의 모든 개인이 사회의 기능인자로서 자신의 에너지를 최대로 뽑아내라는 사회적 명령의 지배 아래 있다고 보았다. 현대인은 새벽부터 일어나 저녁 늦게까지 열심히 보조를 맞추어 일사불란하게 일한다. 인간들은 자신의 정신적, 육체적 노동 에너지를 총동원하여 자연이 갖고 있는 에너지를 최대한 뽑아내도록 강요당한다. 하이데거는 이 점에서 인간을 비롯한 모든 존재자가 자신들의 에너지를 남김없이 뽑아내라는 명령에 구속되어 있다고 보았다. 인간을 비롯한 모든 존재자에게 자신들의 에너지를 내놓도록 몰아세운다는 말이다.[78]

체육공부 역시 학생들이 가진 모든 에너지를 내놓도록 몰아세워 닦달하는 형국이라고 볼 수 있다. 이런 차원에서 체육공부란 무엇인가에 대한 근원적 물음을 가진다. 이 문제는 저자에게 있어서 체육공부를 시작한 이후 여전히 궁금함으로 남아 있다. 체육공부에 대하여 의문을 가졌던 과거나 지금이나 큰 차이가 없어 보인다. 이전에 저자는 장자의 철학을 통해서 체육공부란 기의 습득과 도의 체득이라고 정의한 적이 있다. 이 같은 결론을 얻은 이유는 체육공부는 기술만을 배우고 기술만을 활용하는 공부가 아니라고 생각했기 때문

78) 박찬국, 2004.

이다. 이 생각은 지금도 변함이 없다. 왜냐하면 체육공부는 기능과 더불어 사람됨이 요구되는 공부이기 때문이다. 사람됨이 없는 공부는 운동하는 기계를 만드는 것에 불과하다. 적어도 체육이 교육의 연장선에서 이해되기 위해서는 인격 형성이라고 할 수 있는 사람됨의 목적에서 벗어날 수가 없다.

인격 형성과 체육공부의 관계에 대하여 묻지 않을 수 없다.[79] 이 둘의 관계는 어떤 관계를 맺고 있는가? 이전의 연구들에서도 공통적인 사실은 체육공부의 핵심은 사람됨이라는 것이다. 사람됨은 도의 체득이라고 할 수 있다. 여기서 도는 덕을 의미하기 때문에 사람됨과 연결된다. 이는 인격 형성과 같은 선상에서 이해될 수 있다. 사람됨의 공부로서 체육공부가 성립된다고 할 수 있다.

작금의 현실이 신자유주의의 자본주의 책략에 의한, 닦달하는 대중문화가 형성되고 있다. 여기에 우리가 놀아나지 않기 위해서는 자강과 저항의 수단인 인격 형성으로서의 체육공부가 절실하게 필요하다. 이런 전제에서 이 연구의 목적은 문헌연구를 통하여 인격 형성으로서 체육공부의 대상과 방법을 동양적 사유에서 찾아보는 것이다. 연구범위는 인격 형성으로서 체육공부의 대상과 방법으로 한정하였다. 이 문제를 탐구하기 위해서는 체육공부의 대상으로서 몸과 마음에 대하여 알아보고, 체육공부의 방법은 동양의 몸 공부방법인 몸의 수양, 함양, 도야에 대하여 알아보았다.

79) 김현덕, 1980; 김미자, 1983; 김현덕, 1985; 최대혁, 1988; 김동규, 1996; 김옥태, 2000; 김미숙, 2003; 임혜옥 · 김영선, 2005; 이천희, 2006.

체육공부의 대상: 몸과 마음

몸에 대한 관심은 일상의 대화에서부터 정치적 담론에까지 확장되었을 뿐만 아니라 정치학, 여성학, 사회학, 철학 등에서 다양하게 연구되고 있다. 체육학에서도 몸의 본질과 인식을 위하여 다양한 관점에서 몸에 주목하고 있다.[80] 이들은 몸에 대하여 비판과 논리적 연구를 수행해 왔고 몸과 마음은 하나라는 관점을 유지하고 있다.

몸과 마음은 구분될 수 없는 하나이기 때문에 몸은 곧 마음이다. 몸은 하나인데 둘의 성격을 가지고 있을 뿐이다. 몸은 보여지는 몸과 보여지지 않는 몸(마음)으로 구분할 수 있다. 이처럼 몸은 하나이되 두 가지 양면성을 가지고 있다. 단지 그것이 현실화하는 과정에서 나타나는 모습이 상이한 차이를 보일 뿐이다. 몸과 마음은 하나이기 때문에 둘로 구분할 수 있는 것이 아니라는 인식이 철학에서는 지배적인 생각이다. 몸과 마음이 하나라는 인식은 누구나 수용하는 보편적인 문제가 되었다. 둘을 인위적으로 구분하는 것은 일종의 연구를 쉽게 하기 위함이다.

'체육공부는 몸 공부이다.' 라는 문장이 성립하기 위해서는 공부의 대상으로서 몸이 인식의 대상뿐만 아니라 주체라는 것을 입증해야 한다. 몸이라는 말 속에는 이미 어원적으로 마음이라는 개념을 내포하고 있다. 즉, 마음이 들어 앉아 있기 때문에 몸 공부는 마음공부라고 할 수 있다. 몸과 마음을 분리한 것은 지금으로부터 2500년

80) 권욱동, 2004; 김동규 외, 2004; 송형석, 2003; 이학준, 2003.

전의 고대 플라톤이나 근대의 데카르트까지 몸 따로 마음 따로 인식하는 입장이었다. 데카르트의 이원론이 죽음의 철학이라는 비판을 받고 있는 이유도 이원론의 사유에서 시작된다. 그 이유는 모든 것을 이분법적 시각으로 인식한 것에서 찾을 수 있다. 이 때문에 인간들은 자연을 도구로 인식하였을 뿐 아니라 착취하는 것을 정당화하였다.

2500년 전만 해도 몸은 천시의 대상, 즉 신체는 영혼을 가두는 감옥에 불과했다. 죽음을 통해서 신체라는 감옥에서 해방을 맞이하고 천상으로 돌아갈 수 있다는 생각이 지배적이었다. 이 때문에 당시 노예 계급에 속한 사람들은 인간의 말을 알아듣는 동물로 취급할 정도로 몸과 관련된 일에 종사하는 것을 가장 낮은 계급으로 간주하였다. 몸을 사용하는 노예들이 생존문제를 해결했기 때문에 그리스문화는 융성할 수 있었지만 그 가치를 인정받지 못했다. 그 이면에는 여전히 몸을 사용하는 사람들을 천시하였다는 것을 알 수 있게 한다. 하지만 우리가 살고 있는 이 땅에서는 처음부터 몸과 마음을 구분하지 않았다. 천인합일, 심신일여 등과 같은 동양의 용어 자체에서만 봐도 몸과 마음, 자연과 인간은 하나라는 인식이 지배적이었음을 확인할 수 있다. 지금과 같은 구분은 서양 학문의 도입으로 인하여 구별하게 된 것일 뿐이다. 그렇다면 인격 형성으로서 체육공부의 방법은 무엇인가?

체육공부의 방법: 몸의 수양, 함양, 도야

우리는 나의 몸과 마음에 인간으로서의 격식을 갖추어나가는 것을 흔히 수양, 함양, 도야 등으로 말한다. 우리가 인격을 수양, 함양, 도야한다고 말할 때, 수양은 닦는 측면을, 함양은 기르는 측면을, 도야는 만드는 측면을 강조하는 말이다. 결국 우리가 인격을 갖추어가는 것은 몸과 마음을 닦고, 기르고, 만들어 나가는 것을 뜻한다.[81] 이 모든 표현은 인격 형성과 같은 말임을 알 수 있다. 표현의 차이는 있지만 뜻은 같다는 것을 알 수 있다.

1. 몸의 수양: 몸 닦기

우리 사회가 몸을 몰아세워 닦달하게 된 원인은 어디에서 찾을 수 있을까. 첫째, 신자유주의적 책략 및 선전선동에 의한 스포츠를 통해 대중의 탈정치화와 스포츠의 상업화를 들 수 있다.[82] 이런 현상은 선수들을 닦달해서 성과를 내기 위한 전략이 숨어 있음을 확인할 수 있으며 이로 인해서 안달하게 된다. 그 결과의 현상은 기록, 결과, 승리, 경쟁의 중심의 논리 형태로 나타나게 되고 일상의 운동문화를 지배하게 된다. 모든 지도자들은 선수를 몰아세워 닦달한다. 그 이면에는 선수들의 학부모, 학교, 동문회 등이 후원하는 경제력이 보이지 않는 힘으로 작용한다. 그러면 선수들은 정신이 없이 기계적이고 획일화된다고 할 수 있다. 이러한 현상은 하이데거의 현대과학기

81) 최봉영, 2006.

82) 임재구, 2001; 김동규 · 구강본, 2003; 윤여탁, 2004.

술에 대한 지적에서 잘 발견된다.

어떤 하나의 지대(地帶)는 석탄과 광물을 내놓도록 닦달당한다. 지구는 이제 채탄장으로서, 대지는 한갓 광물의 저장고로서 나타난다. 농부들이 이전에 경작하던 밭은 그렇지 않았다. 그때의 경작은 키우고 돌보는 것이었다. 농부의 일이란 토지를 닦달하는 것이 아니라, 씨앗을 자신의 생장력에 맡기고 그것들이 잘 자라도록 보호하는 것이었다. 그러나 오늘날의 토지경작은 자연에게 강요하는, 이전과는 다른 종류의 경작방법 속으로 흡수되어버렸다. 그것은 자연을 닦달하고 자연에게 강요한다. 경작은 이제 기계화된 식품공업일 뿐이다. 공기는 이제 질소를 내놓도록 강요당하고, 대지는 광석을, 광석은 예컨대 우라늄을, 우라늄은 – 파괴를 위해서든 평화적 이용을 위해서든 – 원자력을 내놓도록 강요당한다.[83)]

이처럼 닦달이 인간의 삶을 황폐하게 만들 수 있음을 엿볼 수 있다. 닦달은 주변을 보지 못하고 앞만 보고 가게 만들어 사람들이 삶의 여유와 평화를 좀처럼 찾지 못하게 한다. 사람의 의식을 획일화시켜 단선적 논리만을 인정하는 폐쇄적인 의식 형태를 가질 수 있게 한다. 이러한 현상은 스포츠 세계에서 일상적인 문화로 나타나고 있다.

"구두 신은 채 머리 박고 있는 선수 뒷목을 무자비하게 밟아버리고, 다른 선수는 걷어차고, 등까지 짓이겨 버리는……." 지난 14일 배

83) 박찬국, 2004.

구팬 김아무개 씨는 한 프로배구 감독이 경기에 진 선수들에게 폭력을 행사하는 장면을 목격하고는 경악을 금치 못했다. 경기가 끝난 뒤 천안 유관순체육관 대기실에서 벌어지는 선수 폭행 현장을 우연히 엿봤던 김 씨는 이 사실을 19일 한국배구연맹(KOVO) 인터넷 홈페이지에 올렸다. 당사자인 신영철 엘지화재 감독은 22일 연맹 홈페이지에 "14일 한국전력과의 경기 후 평정심을 잃고 저지른 불미스런 행동에 대해 팬들에게 사과드린다"고 머리 숙였고, 구단은 3개월 감봉의 중징계를 내렸다. 아마추어 선수는 물론, 프로선수까지 매 맞아가며 운동을 해야 하는 어처구니없는 현실. 2005년 4월 벌어진 한국 엘리트 스포츠의 서글픈 자화상이다.[84]

둘째, 식민지문화, 군사문화로 인한 서열의식에서 찾을 수 있다. 우리 사회에 내재해 있는 군사문화는 사라지지 않고 아직도 진행 중에 있다. 연공서열에 의한 서열의식은 군대조직과 같은 의식 때문에 낮은 서열에 있는 사람을 차별하고 억압하는 현상이 일어난다. 함부로 사람을 대하고 억압하고 통제하는 것이 일상적 일이 된다. 거기에서 벗어나는 일은 쉽지 않다. 체육공부도 서열의식을 내면화하고 사람들을 대우한다. 체육공부의 여러 곳에서 억압과 통제 방식의 수업과 질서교육을 강요하는 모습에서 찾을 수 있다. 아래의 내용은 대학 내 군사문화의 잔재라고 할 수 있는 신입생 신고식 현장의 모습이다.

84) 한겨레신문, 2005년 4월 22일자.

서울 모 대학교에서 보란듯 치러지던 체대생들의 '얼차려 신고식' 현장이 잡혔다. 이 학교 체육학과 60여 신입생들은 이날 낮 1시30분께부터 3시까지 네다섯 조로 나뉘어 △쪼그려 뛰기 △10m 가량 기어가기 △구르기 △팔벌려 뛰기 등 군대 유격훈련에 버금가는 얼차려를 군말 없이 되풀이해야 했다. 특히 여학생 10여 명은 금세라도 쓰러질 듯했다. 십수 명의 선배들이 일사불란하게 얼차려를 지시했고, 한 학생은 이를 처음부터 끝까지 녹화하기도 했다. 3시께 신입생들이 거꾸로 선배들을 진흙탕에 던지는 '화해' 가 잠시 연출되기도 했지만, 이를 통해 이들이 쉴새없이 부르짖어야 했던 '단결' 이 이뤄졌는지는 알 수 없는 노릇이다. 이후 학생들은 진흙 범벅이 된 채 또다시 노래를 부르며 학교를 구보했다. 그 시각 교정 한쪽은 봄볕을 받으며 동아리 모집 공연을 펼치는 또래 학생들로 들썩이고 있었다.[85)]

대학에서 군사문화의 잔재라고 할 수 있는 신고식은 후배들에 대한 사랑의 표현이기보다는 순종하는 후배를 길들이기 위함이다. 그 결과로 비민주적인 절차와 과정이 생겨난다. 군사문화는 다양성과 차이를 인정하시 않고 획일적이고 통세적인 면만을 강조한다. 군사문화는 체육계 학과에서 여전히 사라지지 않고 있으며 그것이 내면화되어 행동의 통제를 일삼을 수 있다. 일부에서는 그 같은 행위를 체육학과의 전통이라고 인식하고 계승해야 할 가치라고 평가하는 사람들도 있다. 최봉영은 이러한 서열의식을 한국인의 존비어 체계에서 찾고 있다.

85) 한겨레신문, 2007월 3월 9일자.

한국인이 지배와 복종 관계를 인격의 우열관계로 받아들이게 되는 가장 직접적인 원인은 한국어의 존비어 체계에 있다. 한국어의 존비어 체계는 권력에 따른 서열관계를 인격적 우열관계로 전환시켜주는 장치로서 구실한다. 이처럼 존비어 체계로 말미암아 권력의 크기에 따라 인격의 크기가 자동적으로 정해지는 까닭에 한국인은 사람대접을 받기 위해서 오로지 더욱 큰 권력을 가져야 한다고 생각하여 물불을 가리지 않는 까닭에 과잉권력욕을 형성하게 된다.[86)]

우리 사회에서 몰아세워 닦달하는 문화가 형성된 원인은 신자유주의 자본주의 책략과 한국어의 존비어 체계에 있음을 확인하였다. 두 가지의 주된 원인을 극복하기 위해서는 자강과 저항수단으로서 인격 형성이 필요하다. 인격 형성의 다양한 방법을 통해서 가능하다고 할 수 있다. 특히 학교교육을 통해서 인격 형성을 달성할 수 있는 최고의 방법이라고 할 수 있다. 그 중에서 체육을 통한 인격 형성을 들 수 있다. 인격 형성으로서 체육의 방법은 몸 공부에서 시작된다. 몸 공부는 몸 닦기이다.

몸을 닦는다는 것은 불교적인 색채가 강하다. 불교에서는 마음이 주체가 되기 때문이다. 관심이 그 대표적인 것이다. 관심은 마음으로 마음을 본다는 뜻이다. 마음은 몸의 주가 되는 것으로 하나이지 둘이 아니다. 본래 둘이 아닌 하나인데 하나인 마음이 다른 마음을 본다는 것은 논리적으로도 맞지 않고, 마음을 둘로 나누는 폐단이

86) 최봉영, 2006.

생기게 된다. 그래서 유학자들은 몸을 닦는다는 수신은 즐겨 사용해도 수심이란 용어는 사용하지 않았다. 수신 속에 이미 수심이 포함되었기 때문이다. 대신 치심이란 말을 즐겨 사용했다. 치심은 내가 나의 마음을 주체적으로 다스린다는 의미이다.[87)]

몸을 닦는다는 것은 수양을 한다는 것이다. 자신의 인격을 세우기 위해서 부단히 닦는 것이다. 자동차를 닦는 것은 깨끗함을 유지하기 위함이다. 자신의 몸의 때를 닦기 위하여 목욕탕에 가는 이유도 여기에 있다. 보이는 때만을 닦고 보이지 않는 마음의 때를 닦지 않기 때문에 인격적 성숙은 기대하기 어렵다. 마음의 때를 닦아야 마음의 깨끗함을 유지할 수 있다. 마음의 때는 사욕에 해당한다. 권위, 부, 명예 등을 추구하는 과정에서 생겨날 수 있는 마음의 때는 자꾸 마음을 흐리게 하여 자신을 볼 수 없게 한다. 인격과는 거리가 멀어진다. 이러한 입장에서 일본의 체육철학자 아베 시노부는 다음과 같이 말한다.

"현대의 단계에서는 체육에서 시합의 자리를 지나치게 많이 마련하지 않도록 배려하는 것이 필요할 것이다. 경쟁이나 시합의 재미가 체육의 학습의욕을 향상시키는 유력한 동기를 부여한다는 것은 확실하지만, 이것도 도를 넘으면 일부 유능한 학생들에게는 특권의식을 갖게 만들고, 능력이 낮은 사람들에게는 열등감이나 체육에 대한 혐오감 등을 심어주기 때문에 기회균등하게 신체운동을 실시한다는

87) 이진수, 2001.

체육 본래의 취지에 반하는 일이 될 것이다. 또 운동형식으로는 팀 게임보다는 개인적, 대인적 종목에 중점을 두어야 할 것이다. 개인적, 대인적 종목에서는 자신과 엄숙하게 대결하는 기회가 보다 많으며, 여기에 체육의 장에서 실존적 주체성을 수립할 가능성도 담겨 있는 것이다."[88]

일본의 체육철학자 아베 시노부는 인격 형성을 위한 체육공부의 방법으로 체육의 장에서 실존적 주체성을 함양하는 것에서 찾고 있다. 마라톤이나 철인3종 경기 등 지구력 스포츠에서 자신의 정신력을 극대화하는 것을 배울 수 있다. 이와 더불어 극기스포츠를 통하여 자신의 정신력을 극대화시킬 수 있음을 엿볼 수 있다. 인격 형성이 자아를 찾아 자아를 성숙시키는 일이라고 한다면, 이를 위해서는 체력과 사고력, 정신력의 증대가 요구된다. 이는 체육공부를 통해서 가능하다. 강한 체력연마를 통해서 자신의 나약한 마음을 가다듬고 사고력과 정신력을 극대화할 수 있는 것이다. 그 결과 실존적 주체성이 확립된다. 주체성이 결여는 선택의 길에서 주저함을 갖게 하고 매사에 부화뇌동하는 성격을 형성하게 한다. 자신의 존엄성을 지키고 자기다운 삶을 영위하기 위해서는 인격 형성으로서 주체성을 키우는 길이 필요하다.

88) 박홍식 역, 2001.

2. 몸의 함양: 몸 기르기

몸은 하늘과 땅 사이에 가장 존귀한 것이다. 몸이 악의 근원이라는 플라톤적 사고와는 전혀 다르다. 악한 것을 기를 사람은 아무도 없을 것이다. 우리가 몸을 기른다고 하는 것은 훌륭한 사람으로 기른다는 것과 같은 말이다. 왜냐하면 몸과 마음은 하나이기 때문이다. '몸을 기르는 것은 바로 마음을 기르는 것이다.' 라는 명제가 성립되는 이유가 여기에 있다.[89)]

몸을 기른다는 것은 마음을 기른다는 것이다. 기른다는 것은 무엇(몸과 마음)을 가꾸어 다듬다(인격 형성)는 것으로 이해할 수 있다. 마음을 기르는 것은 일종의 인간관계에서 요구되는 사회성을 함양시키는 것으로 볼 수 있다. 사람들이 말하는 인격은 인간성을 지칭하고 그 인간성은 사회성을 의미하는 경우가 많다. 다시 말해서 몸 기르기는 다름 아니라 사회성을 함양하는 과정이라고 말할 수 있다. 사회성은 원만한 관계 맺음이라고 할 수 있다. 사람과 사람의 관계 형성은 사회활동에서 중요한 만큼 현대생활에서 사람들에게 요구되는 요소라고 할 수 있다.

몸을 기르는 한 방법으로 인간관계를 들 수 있다. 인간관계는 이해적 관계, 정치적 관계, 경제적 관계 등으로 구분할 수 있다. 이를 양분하면 수직적 관계와 수평적 관계로 분류된다. 대부분이 지위와 인격과의 연관에서 수직적 관계가 주류를 이룬다. 사회에서 행해지

89) 이진수, 2001.

는 인격적 무시는 바로 수직적 관계맺음에서 시작된다. 하지만 개인의 인격 형성에서 요구되는 인간관계는 수평적 관계라고 할 수 있다. 그런데 수평적 인간관계의 중요성이 인정되고 있지만 현장에서는 친밀감을 유지한다는 차원에서 수직적 인간관계가 주류를 형성한다. 그 이유는 나이, 학번, 경력 등이 인간관계의 선을 긋는 중요한 잣대로 작용하기 때문이다. 이하에서 이상적인 인간관계의 구체적인 예를 교사와 학생, 선수와 코치 혹은 선수와 선수 간의 관계에서 찾아보자.

체육공부에서는 교사와 학생 간의 관계 맺음을 통해서 배움의 시작과 끝이 이루어지기 때문에 어떤 관계를 형성하고 있는지가 중요하다. 대부분의 경우 체육교사와 학생의 관계는 하늘과 땅만큼이나 아주 먼 거리감을 늘 유지한다. 그 이유는 거리감이 일종의 체육교사의 권위를 드러내고 학교수업을 원활하게 하기 위함이 전제되어 있기 때문이다. 그러므로 체육교사는 자신의 권위를 이용하여 학생을 수단화할 가능성이 높다. 이러한 문제는 학생과 교사 간의 관계의 철학에 대한 잘못된 이해 때문에 발생한다. 이외에도 친구들과의 관계 혹은 선후배 간의 잘못된 관계를 형성하는 문제점도 지적할 수 있다. 교사와 학생의 이상적인 관계는 서로 간의 배려와 관심 그리고 존중, 사랑이 중심이 된 관계라고 할 수 있다.

학생과 체육교사 간의 문제는 철학자 마틴 부버가 말하는 '나-너' 의 관계가 아니라 '나-그것' 의 관계가 지배적이기 때문에 문제가 생기는 것이다. 이 때문에 욕설이나 폭력과 같은 인권상실의 문제들이 나타나는 것이다. 이 문제의 다른 원인은 체육교사의 교권이 보장되지 않는 상태에서 비롯된다. 학생에 대한 몰이해나 지나친 가르침의 과정에서 선수들에 대한 체벌로 나타나고 그것이 심화되어 폭력이 된다. 체육교사와 학생의 '나와 너' 의 관계라는 수평적 관계 속에서 학생들이 비인간화되는 것을 막을 수 있고 상호 존중하는 가운데 교사에 대한 존경심과 학생에 대한 사랑이 커져가는 것이다.

체육이 사회적 태도의 육성이라는 것을 목표로 삼은 것은, 체육에는 신체활동으로 이루어지는 여러 가지 행동의 장을 통한 인간 형성의 기회가 많기 때문이다. 즉 신체활동은 단순히 개인의 신체적 발달에도 유용하다. 예를 들어, 팀 게임처럼 집단적으로 이루어지는 활동은 필연적으로 사회적 장을 구성하기 때문이다. 그리고 운동의 장에서 개인적으로나 사회적으로 신체활동에 의해 해결하여야 하는 문제는 사회정서에 따라 달라지기는 했지만, 오늘날에는 특히 공정하게 협력하면서 공동체 향상을 위해 노력해 가는 태도를 기르는 것이다.[90]

3. 몸의 도야: 몸 만들기

남자들은 헬스장에서 몸 만들기에 분주하다. 여기서 몸을 만든다는 것은 드러나는 몸에 집중하고 있음을 알 수 있다. 많은 사람들이 몸에 관심을 갖는 것은 드러나는 몸만을 생각하기 때문이다. 하지만

90) 박홍식 역, 2001.

몸을 만든다는 것은 신체적으로 아름답고 근육형의 몸을 만든다는 것만을 의미하지 않는다. 아래의 글에서 우리 사회의 몸 만들기 관심을 확인할 수 있다.

> 요즘 '몸 만들기 열풍'이 불어 많은 사람들이 건강한 몸을 가꾸는 방법에 대해 관심이 많은데요. 탄력 있는 몸매를 만들기 위해 일반인도 보디빌더의 운동방법을 따라하고 있습니다. 균형 잡힌 신체를 만들어 육체미를 뽐내는 보디빌딩. 한 대학생이 건강한 몸을 가꾸고 싶어 보디빌더의 운동방법을 따라했습니다. 전문 보디빌더는 매일 신체부위별로 오전과 오후 각각 1시간씩 운동하지만, 강도를 줄여 하루 30분에서 1시간 정도 가볍게 숨이 찰 정도로 꾸준히 운동했습니다. 무리하다 보면 오히려 건강에 해가 되는 몸 만들기. 몸의 균형을 해치지 않는 범위에서 제대로 알고, 꾸준히 실천하는 것이 중요합니다.[91]

세상은 보여지는 몸에 지나친 관심을 쏟아 붓는다. 일종의 몸에 대한 쏠림 현상이라고 할 수 있다. 그 여파로 몸에 관련된 산업이 성업 중이다. 과거에 보지 못한 특이한 현상임이 틀림없다. 몸을 만드는 것은 보여지는 몸만을 만드는 것이 아니라 보이지 않는 몸이라고 할 수 있는 마음을 만든다는 것이다. 그 완전함은 체육공부에서 지향하는 일종의 지덕체의 완성을 통한 전인을 지칭한다. 일종의 체육공부의 완성은 체육의 기능, 태도, 지식의 총체적인 공부를 통해서 인격 완성에 도달하는 것이라고 할 수 있다.

91) KBS방송, 2007년 7월 25일.

몸 만들기가 결국 인격 형성을 의미한다고 할 때 체육을 통한 인격 형성은 지덕체의 전인적 교육에서 찾을 수 있다. 좀 더 체에 대하여 주목하면 체육에 대한 지식, 태도, 기능을 모두 종합하는 신체 활동적 지식에 대한 공부가 인격 형성으로서 체육공부의 방법이라고 할 수 있을 것이다. 이를 위해서 내면적 성찰을 통한 정신의 성숙에 대한 공부가 요구된다.

신체활동이 주가 되는 체육공부에서 내면의 성숙에 대한 공부를 어떻게 수용해야 하는가 하는 의문을 가지게 된다. 따라서 인격 형성으로서 체육공부의 구체적 방법은 운동일지를 쓰는 것을 생각할 수 있다. 신체 활동이 주를 이루기 때문에 정적인 시간을 가질 수 있는 성찰의 시간이 더욱 요구되는 이유이다. 그 시간은 운동일지라는 공간을 통해서 개인이 경험하게 되는 운동체험에 대한 일종의 돌아보는 시간을 갖는 것을 말한다. 무엇이 문제인지에 대하여 꼼꼼히 생각해 볼 수 있는 시간을 가질 수 있기 때문에 내면의 성숙을 다지는 시간이 된다.

결론

인격 형성으로서 체육공부의 대상과 방법에 대하여 알아보았다. 체육공부의 대상은 몸과 마음에 관한 동양적 사유에서 찾을 수 있었다. 동양적 사유에서 심신일여, 물아일치 등의 용어는 당시의 사람들이 몸과 마음이 하나라는 인식을 하고 있었다는 사실을 엿볼 수 있다.

동양적 사유에서 몸과 마음은 하나라는 말이 성립된다. 몸 공부는 다름 아니라 마음공부이다. 몸 공부를 주로 하는 체육공부는 몸을 닦달하는 것이 아니라 몸을 닦는 것이어야 한다는 것을 위에서 제시한 바 있다. 제대로 된 공부는 몸을 닦달하는 공부이기보다는 몸을 닦는 공부라고 할 수 있다. 작금의 모습들은 이런 공부는 뒤로 한 채 무늬만 공부인 출세지향, 승리지향의 공부만을 위해 모두가 닦달하고 있다.

신자유주의적 자본주의 책략과 선전선동에 의한 경제적 유용성만을 평가 잣대로 몰아세워 학생을 닦달하고 있다. 자신을 돌아볼 수 있는 수양 혹은 성찰의 시간을 갖지 못하고 있다. 작금의 체육공부는 몸을 닦기보다는 몸을 닦달하는 공부가 대부분이다. 대학을 가기 위하여, 성적을 내기 위하여, 세상은 온통 출세주의 혹은 승리지상주의가 넘쳐나고 있다. 노메달은 물론 일등 아니면 용서가 되지 않는다. 금메달 때문에 모두가 선수를 닦달한다. 그 결과 선수는 사유의 과정 없이 코치의 지도하에 기계적으로 반응하고 행동할 뿐이다. 이는 수양과 성찰의 시간이 없이 앞만 보고 달려왔기 때문에 나타나는 결과이다. 왜 운동을 하는지에 대한 목적지의 망각은 인격 형성과 거리를 점점 멀게 만든다. 이러한 현상은 현장에서 자주 목격된다. 아래의 기사는 경인일보에 보도된 '고교축구 감독 · 관중이 심판 폭행해 경찰 출동소동' 에 대한 내용이다.

제88회 전국체전 축구 경기도대표 선발전 경기에서 심판을 폭행하는 사건이 발생했다. 31일 경기도축구협회 경기 감독관 보고서에 따르면 이날 오전 용인시 축구센터 중앙구장에서 열린 제88회 전국체전 남고부 도 대표 최종선발전 신갈고와 백암고 경기에서 전반 인저리 타임인 43분께 1-1 상황에서 신갈고 이승렬 선수가 뛰어들며 볼을 잡은 뒤 골을 성공시켰다. 하지만 백암고 박모 감독과 오모 코치는 이 상황을 놓고 '오프사이드' 라며 강력히 항의했고 오모 코치는 그라운드로 뛰어들어 제지하던 배모 주심을 밀어 넘어트린 뒤 손모 제2부심에게 달려가 몸으로 밀치며 거칠게 항의했다. 또 백암고 관중석에서 일부 관중이 경기장으로 내려와 손 2부심을 폭행했고 박모 감독은 자신의 벤치에 있는 파라솔과 의자를 집어 던진 뒤 피신하는 손 2부심을 쫓아가 얼굴을 양손으로 구타했다. 도축구협회가 인근 파출소에 신고하면서 경찰이 출동하는 사태를 빚었고 주심과 부심은 인근 병원으로 이송된 뒤 이날 오후 박 감독, 오 코치와 함께 원삼파출소에서 사건 경위를 조사받았다. [92]

앞의 글에서 알 수 있는 사실은 축구장에서 지배적인 가치는 승리뿐이다. 공부하는 학생들에게 보여줄 수 있는 모습은 아니다. 승부사의 기질만을 학생선수들에게 보여주고 있을 뿐이다. 반드시 이겨야 산다는 정신의 주입일 뿐이다. 이겨야 학생선수는 명문대에 갈 수 있고, 감독은 최고 지도자상을 받을 수 있을 뿐만 아니라 불완전한 감독직을 보장받을 수 있기 때문이다. 국가대표팀 감독도 1년을

92) 경인일보, 2007년 8월 1일.

못 넘기는데 고교감독도 경기결과가 좋지 않으면 바로 해직되는 위험성이 넘쳐난다. 그렇기 때문에 교육에 대한 관심보다는 승리에 목숨을 걸 수밖에 없다. 어디에도 학생선수의 인격에 대한 노력은 찾아볼 수 없다. 경기는 교육의 연장이라는 사실을 망각하고 승리에 대한 과열된 모습만을 보인다.

선수를 몰아세워 닦달함으로써 선수를 생각 없이 행동하는, 일종의 운동하는 기계를 만들고 만다. 선수에 대한 닦달은 일종의 강요와 억압 그리고 통제 형식으로 나타난다. 이는 정신없이 운동하고 휴식하고 잠자는 일상의 반복만을 행하게 한다. 자신이 왜 운동하고, 어떻게 운동할 것인가에 대한 생각할 시간을 좀처럼 주지 않는다. 일방적인 닦달함은 메달은 딸 수 있지만 한 선수의 인격은 바닥을 드러낼 수 있다.

닦달함은 선수도 지치고 교사도 지치게 만든다. 사람을 살리는 공부가 아니라 사람을 잡는 공부이다. 한 사람이 가진 모든 에너지를 빼내는 공부에 너도 나도 앞장선다. 누가 이렇게 만들었는가? 그 주범은 신자유주의적 자본주의 책략이라고 할 수 있다. 거기에 우리는 놓아나고 있다고 할 수 있다. 그 책략에서 우리가 할 수 있는 일은 저항과 자강의 수단으로 인격 형성으로서 체육공부에 힘을 쏟는 일이다. 그 방법은 동양의 몸 공부방법인 몸의 수양, 함양, 도야에서 찾을 수 있을 것이다.

4장

하이데거의 존재사유와 스포츠의 길

왜 하이데거인가? 철학일반에서 하이데거를 주목하는 이유는 다양성의 공존과 다문화로 특성화할 수 있는 탈근대라는 시대의 요청과 부합하기 때문이다. 스포츠철학에서 하이데거의 존재사유에 주목하는 이유 역시 오늘날 스포츠가 직면한 인간성의 상실, 선수의 도구화, 스포츠의 타락, 도핑 등의 문제들을 해결할 수 있는 실마리를 그의 존재사유 방식에서 찾을 수 있기 때문이다. 특히 그의 존재사유는 근원적 사유방식을 보여준다는 점에서 하이데거의 철학이 스포츠를 철학하는 데 유용한 도구가 된다.

하이데거와 스포츠가 아무런 관련이 없는 것은 아니다. 그가 스키와 축구를 즐겨했다는 것은 알고 있지만 이런 이유만으로 그의 철학에 관심을 가지는 것은 물론 아니다. 무엇보다도 하이데거는 존재와 존재자의 존재론적 차이를 구분하는 기초 존재론의 근원적인 사유방식을 보여주었기 때문에 그에게 관심을 가지게 된다. 이런 연유로 하이데거와 스포츠를 연관시켜 보려고 하는 것이다.

이미 저자는 2006년에 '스포츠의 고향 상실과 회복' 이라는 논문에서 하이데거의 철학을 스포츠에 적용 · 시도하였다. 이 연구는 각론에 해당하며 더 상세한 연구라고 할 수 있다. 하이데거의 고향 상실이라는 용어를 가지고 현대 스포츠의 문제를 탐구하였다. 지금 시도하는 이 연구는 총론적 성격을 갖는다. 그렇기 때문에 일부 내용 중에 중복되는 부분이 있음을 밝힌다. 선행연구에서 스포츠의 고향 상실의 원인이 놀이의 타락, 맹목적인 기록추구, 신자유주의 지배논리, 과도한 경쟁과 상업성에 있음을 알 수 있었다. 그 대안을 스포츠의 놀이성, 자연성, 윤리성에서 찾아보았다.

하이데거는 대답하기보다는 질문하는 것을 더 중요하게 생각하였다. 근원적인 질문을 할 수 있다는 것은 근원적인 것에 대하여 사유를 할 수 있다는 것을 말한다. 그렇기 때문에 질문이 대답보다 더 중요하다고 할 수 있다. 특히 그는 존재에 관한 질문을 우선적으로 간주하였다. 존재는 모든 것에 선행하기 때문에 하이데거에게 존재의 의미란 무엇인가라는 질문이 다른 모든 질문에 선행한다고 생각했다. 질문을 사랑한 이유는 시간의 흐름 속에서 퇴색되고 사라져 가고 있는 삶의 신비를 상기시킬 수 있다고 보았기 때문이다.

존재사유의 대상은 현존재(인간)라고 할 수 있다. 왜냐하면 현존재만이 존재이해를 하고 있기 때문이다. 현존재를 탐구하는 것이 존재가 무엇인가를 알 수 있는 지상의 유일한 방법이다. 하이데거는 존재이해는 현존재만이 가능하기 때문에 현존재를 탐구하지 않고서는 존재의 수수께끼를 풀 수 없다고 생각하였다. 현존재를 탐구하는 것은 현존재를 구성하는 시간과 공간 속에서 가능하다. 특히 시간성의 철저한 분석을 통해서 현존재가 가지고 있는 존재이해를 끄집어낼 수 있다.

하이데거는 축구와 스키, 경보, 산행 등을 즐겨했다고 한다. 하지만 그는 즐겨한 스포츠에 관련된 글을 남겨놓지 않았다. 직접 참여하는 스포츠에 매료되었지만 사유의 대상으로 스포츠를 보지는 않았다. 그 이유는 학문의 대상으로 스포츠를 보지 않은 당시의 시대적 배경 때문이라고 할 수 있다. 만약 자신이 즐겨하던 스포츠에 대해 단 한편의 글이라도 썼더라면 지금 이 글을 작성하는 데 많은 도움을 얻을 수 있겠지만 그것은 희망사항에 불과하다.

이 연구의 목적은 하이데거의 존재사유 방식을 통해 스포츠의 길을 찾는 데 있다. 연구방법은 하이데거의 저서 《존재와 시간》과 그의 철학에 대한 2차 문헌을 적절하게 인용하는 방법을 사용하였다. 연구절차는 우선적으로 그의 존재사유 방식에 대한 기본적 개념에 대하여 알아보고, 하이데거의 존재사유 눈으로 본 스포츠의 문제를 탐구하였다. 이후에 하이데거의 존재사유와 스포츠의 길에 대하여 알아보았다.

하이데거의 존재사유 방식

하이데거는 자신의 독창적인 용어를 사용하여 사유를 진행했기 때문에 그의 사유용어에 대한 이해가 그를 이해하는 데 우선한다.

하이데거의 존재사유 방식에 대한 이해를 위해서 하이데거의 기본적 개념인 존재와 존재자의 차이, 존재망각과 존재물음, 죽음을 향한 존재와 선구적 결의성 등을 알아본다.

첫째, 존재와 존재자의 차이이다. 하이데거 존재사유 방식의 시작은 존재와 존재자를 구분하는 존재론적 차이에서 시작된다. 하이데거에 의하면 서양철학사의 문제는 존재와 존재자의 차이를 구별하지 못한 것에 있다고 말한다. 존재와 존재자를 구별하는 것이 존재이해의 지름길이다. 존재는 존재자를 가능하게 하는 것을 가르치며, 존재자는 존재에 의해서 나타나는 구체적인 사물을 지칭한다.

존재론적 차이라는 것은 하이데거가 만들어 사용한 그의 독창적 사유 방식을 그대로 보여주는 용어라고 할 수 있다. 존재론적 차이는 일종의 존재는 존재자가 아니라는 것을 말한다. 존재와 존재자 사이의 근본적이고 본질적인 차이점을 말하는 것이 존재론적 차이이다. 서양의 존재론의 역사에서 바로 존재론적 차이를 구별하지 못하기 때문에 철학에 혼돈을 가져왔다고 하이데거는 보았다.

존재자의 존재는 존재자를 존재이게끔 규정하고 있는 보편적이고 일반적인 특징을 가리키는 것으로 설명된다. 마치 책상의 책상존재(책상임)에서처럼, 네모난 책상, 세모난 책상, 둥근 책상, 빨간 책상 등 수많은 책상들이 있는데, 그 모든 책상들을 책상이게끔 하는 공통적인 특징으로서 책상존재(책상임)가 있기에, 우리는 그 모든 책상들을 다양한 외양과 재질에도 불구하고 책상이라고 부른다.[93]

존재와 존재자의 관계를 더 잘 이해하기 위해 존재를 빛에, 존재자를 시각에 비유할 수 있다. 빛은 사물을 보기 위해 필수적으로 있어야 하는 전제조건이다. 빛이 없다면 인간의 시각은 불가능하다. 이와 마찬가지로 존재는 존재자들이 존재하기 위해 반드시 있어야 하는 전제조건이다. 존재가 없다면, 즉 존재하는 기본적인 사실이 먼저 있지 않다면 인간은(어떤 사물도) 존재할 수 없을 것이다. 또한 빛 자체는 보이지 않는다. 다만 빛이 있기 때문에 사물들이 보이는 것이다.[94)]

둘째, 존재망각과 존재물음이다. 오늘날 우리는 '존재하는' 이라는 낱말이 본래 무엇을 의미하는지에 대한 물음에 대답할 수 있는가? 결코 그렇지 못하다. 그렇다면 존재의 의미에 대한 물음을 새롭게 제기해야 할 필요가 있다. 그렇다면 우리는 존재라는 표현을 이해하지 못해 당혹스러움에라도 빠져 있는가? 결코 그렇지 않다. 우선 무엇보다도 이 물음의 의미에 대한 이해를 다시금 일깨워야 할 필요가 있다. 존재의 의미에 대한 물음을 구체적으로 정리해내는 일이 책 《존재와 시간》이 의도하고 있는 것이다. 시간을 모든 개개 존재이해 일반의 가능한 지평으로 해석해내는 것이 이 책의 잠정적인 목표다.[95)]

과학기술과 문명 때문에 존재에 대한 이해를 망각하게 되었다. 인간들은 풍요로운 물질의 편리함 속에 매몰되어 가고 있다. 특히 일상세계에서 부추기는 소비 때문에 점점 현존재는 존재의 이해를 포

93) 이기상, 2006.

94) 전대호 역, 2006.

기하고 만다. 그 때문에 고향 상실이라는 현상이 나타나게 된다. 이러한 현상의 이면에는 기술의 지배가 작동하고 있는 것이다. 이미 기술의 바다에 있기 때문에 기술의 지배에서 벗어나기 위한 태도가 요구된다.

고향 상실과 허무주의는 현대에 나타나는 지배적인 현상이다. 허무주의는 공허한 무가 지배하는 시대이고, 고향 상실은 긴장과 경쟁만이 지배하는 곳으로 두려움과 긴장 없이 편히 쉴 수 있는 곳으로서의 고향을 상실한 것을 의미한다. 이 두 가지 현상이 가져온 원인은 현대 과학기술과 문명 때문이라고 할 수 있다. 인류역사상 가장 풍요로운 물질문명을 향유하고 있지만 그 이면에는 고향 상실과 허무주의라는 질병에 걸리게 되었다. 이러한 질병은 기존 가치의 붕괴를 가져오게 되었고, 이를 극복하기 위한 소비주의가 활기를 찾게 되었다. 결국에는 기술의 지배가 일어나게 되고 존재를 망각하게 된다. 이러한 사회에서는 허무주의와 고향 상실에서 벗어나기 위한 끊임없는 존재물음이 제기되는 것이다.[96]

셋째, 죽음을 향한 존재와 선구적 결의성이다. 본래적 삶과 비본래적 삶 사이에 살아가고 있는 현존재는 대부분이 일상적인 인간으로서 비본래적 삶을 살아가고 있다. 잡담과 호기심 등의 가벼운 일상의 일들 속의 본래적 삶을 놓치고 있다. 하지만 본래적 삶은 살기 위한 것으로 죽음에 대한 자각에서부터 가능성을 발견한다.

95) Martin Heidegger, 1972; 이기상 역, 1998.
96) 박찬국, 2004.

현존재는 죽음을 향한 존재이기 때문에 산다는 것보다 어떻게 보면 죽어가고 있다고 보는 것이 맞는 말일 수도 있다. 죽음에 직면하였을 때 비로소 본래적 자기로 돌아 갈 수 있다는 것이다. 이런 전제에서 죽음에 달려가서 죽음을 미리 직면할 때 본래적인 삶이 가능하다.

하이데거에 따르면, 언제든 일어날 수 있는 자신의 죽음의 불가피성에 대한 부단한 의식은 인간의 자유를 위한 필수조건이다. 죽음은 인간의 삶의 본질과 의미가 시간에 기반을 둔다는 냉엄한 진실을 드러내고 있다. 내 삶의 가능성들은 나의 궁극적인 죽음에 의해 정의되고, 그것에 의존하며, 그것에 비추어 볼 때만 의미를 가진다. 죽을 수 있다는 가능성을 부인할수록 죽음의 공포에 사로잡히게 된다. 그렇게 되면 자유롭지 못한 삶이 될 수 있다. 죽음을 금기하는 것이 아니라 죽음에 대한 이해를 통해서 죽음을 삶의 다른 한 면으로 인식할 때 죽음에 대한 문제에서 자유로울 수 있다.

죽음의 선구적 결의는 죽음에로 앞질러 달려감이다. 이는 현존재 자신을 그의 가장 고유한 존재가능성 앞에로 데려감으로써 그 자신을 사람들-자신으로부터 빠져나올 수 있게 해주고, 그로써 자신이 이제껏 그들-자신에 빠져 있었음을 드러내 보여주며, 또한 죽음에로 앞질러 달려감은 자신의 죽음이 자기 자신으로부터 온 것이며, 따라서 자신의 죽음을 떠맡을 수 있는 자 또한 오직 자기 자신뿐임을 깨닫게 해준다. 그로써 현존재가 타인들과 함께 있음에 의존하지 않도록 해주며, 그에게 자기 자신이 될 수 있는 가능성을 열어 밝혀

준다. 또 죽음에로 앞질러 달려감은 현존재 자신을 더 이상 앞지를 수 없는 궁극적 가능성에로 기획 투사함으로써 결국 그를 가장 궁극적인 가능성에로 해방시켜주며, 이러한 궁극적 가능성에로 자유롭게 접근할 수 있게 된 현존재가 이러한 가능성 자체를 확신할 수 있게 해준다. 그로써 현존재는 그러한 가능성 때문에 불안해할 수 있게 되고, 죽음에로의 자유 속에 계속 머물러 있을 수 있게 된다.[97]

하이데거가 말하려는 사태는 단순히 우리의 지성만을 발동시켜서는 이해될 수 없다. 초기에 하이데거는 우리가 불안이라는 기분을 인수하면서 죽음으로 선구하는 실존의 운동 속에서만 인간과 사물, 세계의 진리가 드러난다고 보았다. 그리고 후기에 가서 하이데거는 깊은 권태나 불안과 같은 근본 기분을 통해서 우리에게 다가오는 존재의 소리에 귀를 기울일 때에 비로소 우리는 인간과 사물, 세계의 진리를 경험할 수 있다고 보았다. 따라서 우리는 하이데거가 경험했던 실존의 운동을 함께하고 하이데거가 일깨우려고 했던 근본 기분에 진입함으로써만 하이데거가 말하려는 사태를 제대로 이해할 수 있을 것이다.[98]

이상과 같이 하이데거의 존재사유 방식을 존재자와 존재의 차이, 존재망각과 존재물음 그리고 죽음을 향한 존재와 선구적 결의 등을 중심으로 알아보았다. 이러한 개념들은 하이데거의 존재사유를 규정짓는 특이한 성격을 갖는다. 존재자와 존재의 차이는 손전등과 손

97) 이기상 · 구연상, 1998: 268~269.

98) 박찬국, 2004.

전등의 빛으로 구분하여 이해하면 쉽게 알 수 있다. 손전등이 손전등으로 존재하게 하는 것은 빛이다. 존재망각은 우리가 존재자에 대한 집착과 문제를 갖고 분주하게 살고 있지만 정작 존재에 대한 문제의식, 자각은 상실하고 있다는 의미이다. 그리고 죽음을 향한 존재와 선구적 결의는 죽음을 향한 존재로서 현존재는 죽음의 공포에서 벗어나지 못한다. 그렇기 때문에 죽음의 공포에서 자유롭지 못하게 된다. 현존재는 죽음으로서 벗어날 수 없는 존재이기 때문에 죽음을 통한 초월과 죽음의 극복이라는 생각은 현존재에게 허용되지 않는다. 현존재는 죽음을 향한 존재라는 것을 받아들이고 죽음에 대하여 사유를 가질 때 자유로운 의식을 가질 수 있다. 그때 현존재는 본래적인 삶의 모습을 찾을 수 있다. 이하에서 하이데거의 존재사유 방식을 통해서 스포츠를 바라봄의 시도를 한다. 즉, 하이데거 눈으로 스포츠를 본다는 것이다.

하이데거의 존재사유와 스포츠의 문제

앞에서 하이데거의 사유방식에 대한 고찰을 통해 스포츠를 철학하는 데 제공해 줄 수 있는 사유의 실마리들을 알아보았다. 하이데거의 존재사유 방식을 천착하여 곰곰이 사유를 거듭하면 현대 스포츠의 문제 원인을 찾아낼 수가 있다. 그 원인의 실마리를 하이데거의 존재사유 방식에서 드러난 몰아세움, 존재망각, 고향 상실, 죽음 등에서 찾아보았다.

첫째, 몰아세움이다. 닦달의 본질은 그 자체 안에 집약된 몰아세움이다. 이 몰아세움은 자신의 고유한 본질의 진리를 망각으로 뒤에 덮어 놓고 있다. 그리고 여기서의 '뒤에 덮어 놓음'은 현존하는 모든 것을 부품으로 주문 요청하도록 전개시키며, 스스로를 부품 안에 적응시켜 부품으로서 지배하도록 함으로써 스스로를 위장시켜 가려 버린다.[99]

'몰아세움' 안에서 하이데거는 현대 기술의 본질적 특징을 본다. 한마디로 말해서 기술의 벗겨냄은 오직 어떤 특정한 이득을 얻어내기 위한 것이다. 있는 그대로의 모습(진리 혹은 진실)을 보고, 알고, 그래서 서로 간의 '존재'에 깊이를 더하고 싶다는 마음, 즉 '사랑'이어서가 아니라, 그 안에 들어 있는 기능과 재화를 '소유'하고 '지배'함으로써 인간의 욕구를 충족시키겠다는 마음에서 기술은 자연의 옷을 마구 벗겨내고 그 속살을 노출시키고 있는 것이다. 존재자를 드러낸다는 점에서 기술은 예술과 다를 바 없지만, 그 방식은 전혀 다르다.[100]

이러한 몰아세움의 이해를 가지고 스포츠를 바라보자. 신자유주의적 자본주의 책략과 선전선동에 의한 경제적 유용성만을 평가 잣대로 몰아세워 학생을 닦달하고 있다. 자신을 돌아볼 수 있는 수양 혹은 성찰의 시간을 갖지 못하고 있다. 작금의 체육공부는 몸을 닦기보다는 몸을 닦달하는 공부가 대부분이다. 대학을 가기 위하여,

99) Martin Heidegger, 1962; 이기상 역, 1993.
100) 이유택, 2006.100) 이유택, 2006.

성적을 내기 위하여, 세상은 온통 출세주의 혹은 승리지상주의가 넘쳐나고 있다. 노메달은 물론 일등 아니면 용서가 되지 않는다. 금메달 때문에 모두가 선수를 닦달한다. 그 결과 선수는 사유의 과정 없이 코치의 지도에 기계적으로 반응하고 행동할 뿐이다. 이는 수양과 성찰의 시간이 없이 앞만 보고 달려왔기 때문에 나타나는 결과이다.[101)]

현대 기술의 본질은 몰아세움이다. 몰아세움의 특징은 닦달의 성격을 지닌다. 인간은 사방세계에 존재하는 사자들에게 무엇을 빼어내기 위해 닦달함을 강요한다. 운동경기, 운동선수 이 모든 것 역시 몰아세움과 닦달에서 벗어나지 못하고 있다. 좋은 대학을 가기 위하여 학생선수를 닦달하고, 명예와 경제적 이익을 위하여 선수를 닦달하는 것이 지금의 현실이다. 이 닦달함의 구체적 모습은 체벌의 형태를 한 폭력에서 전형적으로 나타난다. 사랑의 매이기보다는 감정의 매이기 때문에 선수들에게 마음의 상처를 남긴다.

이와 같이 기술의 본질이라고 할 수 있는 몰아세움이라는 하이데거의 고유한 용어를 가지고 운동선수들에 대하여 사유하여 보았다. 그래서 발견할 수 있는 사실은 선수들에게 무엇인가를 강요하고 닦달하는 모습이다. 기록, 결과, 승리를 지나치게 닦달하는 작금의 엘리트스포츠와 학교체육의 모습에서 기술이 대지의 에너지를 빼내는 대상으로 인식하는 것과 별반 다르지 않음을 확인할 수 있다. 학교

101) 이학준, 2006.

가 학생을 상대로 학생이 가진 모든 에너지를 빼내기 위해 닦달하는 모습에서 오늘날의 학교체육의 모습을 발견하게 된다.

학생선수 혹은 학생들이 체육이 자기목적적인 신체활동으로 내적 가치를 발견할 수 있어야 하는데 그것이 사실상 이루어지지 않고 있다. 체육 혹은 스포츠를 통하여 자아인식과 자아성찰을 할 수 있는 자기를 찾는 시간이어야 하는데도 불구하고 현실은 기록과 승리 그리고 결과에 얽매여 자기를 상실하는 체육교육을 강제하고 있다.

둘째, 존재망각이다. 존재물음은 '존재란 무엇인가?' 라는 물음이다. 따라서 존재물음은 존재에 대한 물음이다. 존재물음을 제기하는 까닭은 우리가 그 물음에 제대로 대답할 수 없기 때문이다. 그러나 우리가 존재물음을 제기할 수 있는 까닭은 우리가 이미 존재를 이해하고 있기 때문이다. 이때의 존재이해는 아직 개념적으로 규정되어 있지 않다. 물음에는 앎과 모름이 함께 속한다. 존재물음은 존재이해의 이러한 무규정성을 개념적으로 밝히고자 하는 물음이다. 이 물음이 명확하게 제기될 수 있으려면, 존재물음이 하나의 물음인 한, 먼저 물음의 구조가, 즉 물음 일반에 무엇이 속하는지가 투명해져야만 할 것이다.[102)]

예를 들어 등산의 경우를 살펴보자. 등산을 등정주의와 등로주의로 구분한다면, 전자는 등정을 최고의 가치를 두고 얼마나 높은 산, 즉 8000미터 이상의 고봉을 등정했다는 것에 가치를 둔다. 하지만

102) 이기상 · 구연상, 1998.

요즘은 그보다 어떤 루트로 등반을 했는가를 더 중요하게 생각한다. 이 같은 경우를 등로주의라고 한다. 높이가 아니라 남이 가지 않은 새로운 길을 통하여 등정했다는 것에 의미를 크게 둔다. 등정주의가 8000미터 고봉을 등정했다는 소유라는 형태를 보여준다면, 등로주의는 새로운 길을 찾아 올랐다는 그 자체를 중요하게 생각한다. 소유보다는 존재에 대한 이해에 비중을 둔다는 것을 알 수 있다.

등반에는 경주가 없다. 남과 이기기를 겨루지 않고 자기 자신과의 싸움에서 홀로 고독한 길을 가는 등반의 과정이다. 그럼에도 불구하고, 성취보다는 과정을 중시하며 그 과정에서 스스로 자기존재를 확인하고 자기를 극복하며 자아를 완성해 가는 일에 몰두한다. 따라서 그러한 등반의 과정은 자기의 삶을 보다 충만하게 변화시키고 자신과 자신의 삶에 대한 새로운 자각을 일깨운다. 그 점에서 등반이란 어려운 등산로를 이용해 완등하는 것 이상의 자아성찰과 자기완성으로 향하는 길이다.[103)]

현대 스포츠는 하나의 볼거리 그 이상의 의미를 찾기 어렵게 되었다. 이미 상품과 마케팅의 대상이 되고 있으며, 자본의 논리에 지배를 받게 되었다. 운동선수는 스포츠마케팅 혹은 광고의 대상으로 빠르게 자리 잡고 있다. 이제 운동선수는 '보다 높이, 보다 빠르게, 보다 강하게' 를 위하여 필사적인 몸부림의 현장으로 내몰리고 있다. 그 가운데 상업성과 민족성 그리고 폭력, 도핑, 경기조작 등의 비윤

103) 최명선, 2005.

리적 문제들이 끊임없이 발생하고 있다.

현대 스포츠의 타락의 원인은 여러 측면에서 살펴볼 수 있지만, 우선적으로 운동을 하고 있는 자신을 중심으로 살펴볼 수 있다. 즉, 외적인 환경(사회적 요구, 주변의 기대, 훈련방법의 문제 등)에 가려져 있는 운동선수 자신의 존재망각에서 찾을 수 있을 것이다. 만약 자신들의 존재의미를 망각하고 있다면 이를 구원할 수 있는 유일한 방법은 존재에 대한 이해, 왜 스포츠를 하는가에 대한 목적지에서 찾을 수 있을 것이다.

셋째, 고향 상실이다. 하이데거의 존재사유의 용어 가운데 고향 상실이 의미하는 것은 존재의 의미를 상실함이다. 생활세계에서 인간은 고향회귀를 꿈꾸며 고단한 일상을 살아가고 있다. 늘 마음 한 곳에 가지고 있는 고향에 대한 그리움은 타향살이에 지친 인간에게 삶의 위안이 된다. 그 고향은 우리가 추구하는 진리 혹은 지혜라는 본질이라는 용어로 대치할 수 있을 것이다. 그 고향 상실을 추동하는 근거는 무엇인가. 아마도 신자유주의 논리에 의한 변화일 것이다. 신자유주의에 의해 생존하기 위하여 고향을 상실하고 있다고 함이 맞을 것이다.

하이데거는, 현대 기술문명의 위기는 궁극적으로 고향의 상실에서 비롯되었다고 생각한다. 사람들은 고향을 상실한 데서 비롯되는 공허감과 불안감에서 벗어나기 위해서 끊임없이 기술을 개발하고 물질적인 소비와 향락을 추구한다. 사람들은 이 시대를 인류 역사상 처음으로 물질적인 풍요를 구가하고 있는 시대로 보지만, 하이데거에게는 그렇게 물질적 풍요를 추구한다는 사실 자체가 현대인들이 고향을 상실했다는 징표이며 그러한 풍요로 대체할 수 없는 본질적인 궁핍을 드러내는 징표다.[104)]

고향 상실은 스포츠-세계-내에서도 일어나고 있는 현상임을 쉽게 알 수 있다. 신자유주의 논리가 지금 이 땅에서 지배하지 않는 영역은 없기 때문에 스포츠 역시 지배당하고 있음이 자명한다. 고향 상실이란 용어는 스포츠의 본질을 상실하고 있는 작금의 현실에서 우리가 무엇을 향해 가고 있고, 무엇을 잊고 있는가를 자명하게 보여주는 용어라고 할 수 있다. 스포츠에서 고향 상실을 부추기는 것들은 정치논리와 경제논리가 가장 큰 중심 논리이다. 스포츠에서 나타나는 국가주의, 상업주의, 승리지상주의, 이 모든 것들은 스포츠의 고향 상실이 자명한 증거들이다. 이러한 근거들을 제거하는 것이 고향에 안착할 수 있는 방법이라고 할 수 있다.

이 문제에 대하여 이미 저자는 선행연구 '스포츠의 고향 상실과 회복'이라는 논문에서 문제를 제기한 적이 있다. 이 부분은 선행논문과 중복되는 문제이지만 총론적인 측면에서 하이데거의 존재사유 방식이라는 큰 틀에서 이해하기 위해 다시 소개하는 것이다. 보다 구체적인 논의는 선행연구를 참조하기 바란다.

넷째, 죽음이다. 생사의 문제는 생명을 가진 모든 존재자에게 현실적으로 수용할 수밖에 없는 일이다. 특히 죽음에 대한 인식이 가

104) 박찬국, 2004.

능한 인간은 그 두려움과 공포에서 자유롭지 못하다. 이 때문에 죽음 그 자체에 관심을 가진다. 관심이 있지만 인간들은 침묵한다. 그것은 학문에서도 예외가 아니다. 한편으로 인간들은 죽지 않고 영원히 살기 위하여 유전공학을 이용한 복제와 초월적인 세계를 다루는 종교 등에 의존하게 된다. 하지만 이 모든 것들이 인간 죽음의 문제 그 자체를 해결하지는 못한다. 왜냐하면 인간은 죽음을 향한 존재일 수밖에 없기 때문이다. 경험해보지 못했기 때문에 죽음은 공포를 넘어 두려움과 불안으로 인간을 몰아세운다.

스포츠-내-존재 역시 죽음의 문제에 대하여 자유롭지 못하다. 운동선수 역시 인간이기 때문에 죽음을 두려워한다. 훈련방식에서 죽음과 마주할 순간이 여타의 삶보다 많다. 하지만 운동선수와 죽음과의 관계는 관련성이 없어 보일 수 있다. 우리에게 비쳐지는 운동선수의 모습은 건강한 인간의 모습이다. 건강한 모습으로 그려지기 때문에 죽음의 그림자와 연결되지 않는다. 그럼에도 불구하고 운동선수로서 훈련과 경기를 하다가 운동경기 중에 죽을 수 있다는 막연한 공포에 전율하게 되고, 자신의 신체적 탁월성을 표현하는 데 걸림돌이 된다. 이 걸림돌을 넘어설 수 있는 것은 죽음의 공포를 회피하지 말고 앞으로 달려가 죽음을 맞이하고 죽음에 대한 사유를 통해서 그것으로부터 벗어날 때 자유로움을 찾을 수 있는 것이다. 이때 운동선수는 몸의 표현과 활동에서 탁월성을 보여줄 수 있게 된다.

하이데거의 존재사유와 스포츠의 길

앞에서 하이데거의 존재사유 방식으로 존재자와 존재의 차이, 존재망각과 존재물음, 죽음을 향한 존재와 선구적 결의 등에 대한 고찰을 통하여 알아낸 결과를 스포츠에 적용해 보았다. 그 결과 오늘날 스포츠가 직면한 인간성의 상실, 선수의 도구화, 스포츠의 타락, 도핑 등의 원인은 몰아세움, 존재 망각, 고향 상실, 죽음 등에서 찾을 수 있었다. 이러한 문제를 해결하기 위한 방식을 저자는 하이데거의 존재사유 방식에서 드러난 초연함, 존재물음, 고향 회복, 죽음에 대한 사유의 길에서 스포츠의 길을 찾아보았다.

첫째, 초연함의 길이다. 하이데거 철학에서 초연함이라는 것은 현대 기술의 본질인 몰아세움이라는 위험에서 벗어나 기회로 전회 할 수 있음을 의미한다. 초연함은 기술에 얽매이지 않고 자유롭게 기술을 관조하는 것을 말한다. 일종의 태도로서 초연하게 내맡김이다. 집착과 강요가 아니라 버림의 열린 사유라는 특성을 가지고 있음을 확인할 수 있다. 기록과 승리 그리고 결과에 대한 집착과 강박관념을 버리고 초연함을 유지할 때 스포츠를 위해 존재하는 것, 혹은 스포츠에 종속되는 것이 아니라 현존재인 우리 인간 자신을 위해 존재하는 것이 된다. 즉 자기 주도적인 스포츠가 될 수 있다는 것을 의미한다. 이 말은 몰아세움이라는 현대 기술의 본질에 의하여 스포츠에서 무엇인가를 빼어내려고 한다. 그 몰아세움에 의해서 닦달하게 되어 운동선수는 자기 자신을 잃고 기계적인 운동을 반복하게 된다.

여기서 벗어나는 길은 초연한 내맡김의 태도이다.

둘째, 존재물음의 길이다. 과학기술의 발전에 의하여 스포츠의 도구들은 첨단과학을 이용하여 기록 향상을 도모하고 있다. 점차적으로 기록은 이제 인간 신체의 향상에 의해서 세워지는 것이 아니라 새로운 장비에 의해서 작성되어진다는 것이 맞는 말이 되었다. 세기의 기록은 과학적인 장비의 세기를 지칭한다. 과학적인 장비의 의존도가 점차 높아짐으로써 운동하는 주체로서 선수는 객체가 될 가능성이 높다. 기록과 승리 그리고 결과라는 시대적 강요에 의해서 자신의 존재를 망각하게 되기 때문에 왜 운동하는가 하는 목적지에 대한 사유가 절실하게 필요하다. 즉 스포츠의 존재이유, 왜 우리는 스포츠를 하는가에 대한 존재물음이 요구되는 것이다.

셋째, 고향 회복의 길이다. 스포츠의 고향 상실은 자기 목적적 신체활동이라는 내재적 가치의 본질에서 점차로 타락해 가는 것을 의미한다. 상업주의, 인간성의 상실, 과잉된 신체로 나타나는 도핑 그리고 폭력을 조장하는 스포츠의 부정적 모습이 도처에서 발견되고 있다. 이러한 것이 스포츠의 타락으로 나타나고 이것을 하이데거 용어로 표현하면 '고향 상실' 이라고 할 수 있다. 고향 회복은 스포츠가 자기 목적적 신체활동으로 내적 가치를 추구하는 데서 시작된다. 기록, 승리, 결과, 경쟁에서 자유로운 자아인식과 자아성찰을 할 수 있는 참 자아를 찾는 데서 고향 회복은 가능하다.

넷째, 죽음에 대한 사유의 길이다. 자기를 상실하는 것, 자신을 죽이는 스포츠가 아니라 살리는 스포츠가 되어야 한다. 신기록이라는 명분으로, 승리라는 이유로, 결과라는 성적으로 학생을 또는 선수를 죽음으로 내모는 것은 인간이 스포츠에 노예적 삶을 강요하게 만드는 것이다. 적어도 스포츠는 인간이 심심함을 보내기 위해, 좋은 삶을 이루기 위해 만들어 낸 제도적인 것이다. 그런데 스포츠가 인간을 구속하고, 인간을 착취하는 것으로 돌변하였다. 적어도 스포츠는 인간을 위해 존재하는 것이 되어야 하는데 역으로 인간이 스포츠를 위해 존재하는 모습이다. 좀 더 이해를 돕기 위해서 돈과 인간의 관계에 비유하는데 그것은 스포츠의 경우와 아주 유사하기 때문이다. 돈이라는 것은 교환가치를 편리하기 위하여 만든 것이다. 그런데 이제는 돈이 인간을 억압하는 것으로 변해 버렸다. 즉, 인간이 돈에 종속되어 돈이 인간의 의식을 점령하게 되었다.

스포츠 역시 인간에게 있어서 좋은 삶을 구성하는 요인이라고 볼 수 있다. 스포츠가 사람을 잡는 것이 되어서는 안 된다. 사람을 살리는 스포츠, 자기를 찾는 스포츠가 진짜 스포츠라고 할 수 있다. 항상 근원에서 사유를 시작하다면 스포츠 역시 기분전환이라는 의미를 발견할 수 있다. 사람들에게 스포츠는 기분전환과 즐거움을 줄 수 있고, 사람들이 즐겨 행할 수 있는 것으로 전환되어야 한다. 그래서 스포츠 때문에 사람들이 고통을 당하고 학대를 받아서는 안 되도록 신경을 써야 하는 이유이다. 스포츠가 그 자체의 목적을 추구해야 하는데 도구적 가치만을 추구하기 때문에 스포츠의 타락을 자행하게 되는 것이다. 이를 우리는 경계해야 한다.

이상과 같이 하이데거의 존재사유 방식을 가지고 현대 스포츠의 문제에 대한 원인과 그 해결방안을 하이데거의 존재사유에서 드러난 초연함, 존재물음, 고향회복, 죽음에 대한 사유에서 찾아보았다. 저자는 현대 스포츠의 길을 하이데거의 철학에 의존해서 하이데거가 현대 기술문명의 대안으로 제시한 용어를 그대로 차용해서 현대 스포츠의 길을 탐구하였다. 그 결과 자의적인 대안이라는 연구의 한계를 인정하지 않을 수 없게 되었다. 이러한 대안이 설득력을 얻기 위해서는 글을 읽는 독자 모두에게 공감을 얻기 위한 구체적인 노력이 요구된다.

결론

중요한 논리는 하이데거 철학에서 말하는 생활세계를 스포츠세계에 그대로 적용할 수 있느냐는 문제이다. 분명한 것은 우리가 살고 있는 생활세계와 스포츠세계는 다를 수밖에 없다. 생활세계는 일상의 세계이고, 스포츠세계는 비일상의 세계이기 때문이다. 그럼에도 불구하고 생활세계를 사유의 대상으로 삼은 하이데거의 존재사유를 스포츠세계에 적용하는 데 아무런 문제를 발견하지 못한다.

그 근거는 스포츠세계를 일종의 생활세계의 반영으로 인식할 수 있기 때문이다. 생활세계에 나타나는 사회의식은 그대로 스포츠세계에 재현되어 나타난다는 논리에 근거한다. 스포츠세계는 생활세계와의 관련성 없이는 변화되지 않는다. 일상생활 속에 이미 스포츠는 자리를 틀고 있다. 스포츠세계는 시대상황이란 일상세계에 따라서 변한다는 사실이 이를 잘 대변해 준다.

또 하나의 근거는 스포츠는 사회의 축소판 내지는 소우주라는 학자들의 견해에서 생활세계와 스포츠세계는 크게 다르지 않음을 확인할 수 있다. 생활세계라는 사회와 스포츠는 상호 관련성을 갖는다는 것은 자명한 것이다. 그렇기 때문에 하이데거의 존재사유 방식을 그대로 스포츠에 적용할 수 있다는 논리가 성립된다. 스포츠는 사회를 반영하기 때문에 일상적인 삶에서 나타날 수 있는 문제들이 그대로 스포츠에서도 나타나고 있다.

이상과 같이 문제의식 아래서 하이데거의 존재사유 방식에 대하여 알아보고 그것이 체육 또는 스포츠에 주는 철학적 시사점을 찾아보았다. 하이데거의 고유한 사유세계를 표현하는 언어 속에서 우리가 발견할 수 있는 함축적 의미들이 넘쳐나고 있음을 확인할 수 있었다. 단지 생활세계에서의 문제의식만이 아니라 그 차원을 넘어서 스포츠세계의 적용 가능성을 확인할 수 있었다. 그렇기 때문에 저자는 아직도 하이데거의 저작물에서 스포츠세계의 문제를 해결해 줄 수 있는 보물을 찾고 있는지 모른다. 그의 존재사유에서 많은 스포츠철학의 가능성을 발견할 수 있을 것이다.

죽음을 향한 존재, 존재 망각, 고향 상실, 몰아세움 등의 하이데거의 존재사유를 나타내는 고유한 언어들은 스포츠에서 그대로 재현하여 사용할 수 있는 언어들이다. 죽음의 문제에서 자유로운 지상의 피조물은 없다. 그 중에서 유독 인간만이 언젠가는 죽는다는 자명한 진실을 알고 있을 뿐이다. 운동선수는 죽음의 공포에서 전율하고 그 공포로부터 자유롭지 못하다. 죽음에 대한 두려움에서 벗어날 때 몸의 표현과 활동은 자유로움을 얻게 되고 몸의 확장을 도모할 수 있게 된다.

고향 상실이란 용어는 스포츠의 본질을 상실하고 있는 작금의 현실에서 우리가 무엇을 향해 가고 있고, 잊고 있는가를 자명하게 보여주는 용어이다. 존재망각은 존재자와 존재의 차이를 구별하지 못하기 때문에 존재자에게만 주목하고 있을 뿐 존재자를 존재하게 하는 존재에 대한 망각으로 인하여 스포츠의 존재이유를 상실하고 있음에 대한 시사점을 준다. 그 외에 몰아세움과 닦달이라는 용어는 엘리트스포츠에서 선수를 도구화하는 문제를 잘 지적할 수 있는 용어라고 할 수 있다.

이외에도 하이데거의 존재사유 방식에서 사용했던 다양한 언어들은 스포츠철학에 적용할 수 있을 것이다. 그러기 위해서는 하이데거의 사유에 대한 철저한 이해가 우선적으로 요구된다. 어설픈 이해는 엉성하고 무리한 결과를 가져올 수 있기 때문이다. 이는 또 하나의 혼란을 초래한다. 정확한 이해를 통하여 스포츠세계의 문제제기와 그것에 대한 해결의 실마리를 찾을 수 있을 것이다. 그의 존재사유에서 해답보다는 문제제기라는 질문을 얻기를 기대한다. 문제제기는 하이데거가 좋아했던 존재사유의 방식이다.

5장

맺음말

하이데거의 존재사유에 대한 기초적인 이해를 바탕으로 스포츠를 탐구하였다. 이 작업을 통해 스포츠철학에 관한 기존의 연구와는 차이를 드러낼 수 있었다. 즉, 하이데거의 시선을 유지하면서 스포츠의 이해, 비판, 성찰의 길을 탐구하였다. 탐구과정은 하이데거의 기초존재론이라는 존재사유 방식을 이해하고, 하이데거 눈으로 스포츠를 봄으로써 현대 스포츠가 직면하고 있는 문제의 원인과 그것을 해결할 수 있는 실마리를 찾기 위한 순서로 진행되었다. 이 책에서 사용한 방법은 하이데거의 저서 《존재와 시간》과 이와 관련된 번역본과 필요한 경우 독일어 원본과 대조를 통해서 확인하였고, 그의 철학에 대한 2차 문헌을 적절하게 인용하는 방법을 사용하였다.

하이데거의 철학은 시회현실 문제를 회피하고 주력하기보다는 주관적 관념에서 벗어나지 못한다는 비판에도 불구하고 저자는 그의 철학에 끌림이라는 묘한 감정을 가지게 되었다. 사회현실은 곧 개인의 주관적 세계의 결합을 통하여 형성하기 때문이다. 아니 주관의

세계가 더 절실한 문제의식에서 비롯될 수 있다. 저자는 하이데거의 존재사유 방식에 대한 이해를 하기 위해서 하이데거의 존재사유 방식을 드러낼 수 있는 용어에 주목하게 되었다. 존재와 존재자의 차이, 존재망각과 존재물음, 죽음을 향한 존재와 선구적 결의 등에 대하여 알아보았다. 이를 바탕으로 하이데거의 존재사유의 눈으로 본 현대 스포츠의 문제의 원인을 몰아세움, 존재망각, 고향 상실, 죽음과 관련지어 찾아보았다.

그가 사용한 철학용어를 천착하여 곰곰이 사유를 거듭하면서 현대 스포츠가 가지고 있는 문제에 대한 해결의 단서를 발견할 수 있었다. 그 해답은 하이데거 사유방식에서 드러난 초연함, 존재물음, 고향 회복, 죽음에 대한 사유의 길이다. 이 길은 바로 현대 스포츠의 문제를 해결할 수 있는 스포츠의 길이기도 하다. 여기에서 그의 스포츠철학의 적용 가능성이 끝나는 것이 아니다. 아직도 그의 존재사유를 통해서 스포츠를 철학하는 데 열려 있음을 확인할 수 있었다. 저자의 하이데거 철학에 대한 이해의 깊이가 아직 깊지 못하기 때문에 일정 부분의 한계를 가진다. 앞으로 하이데거 철학에 대한 많은 공부와 연구를 통해서 스포츠를 철학하는 데 유용한 사유의 틀로 사용할 것이다.

하이데거의 존재사유의 틀을 가지고 저자는 수행해야 할 앞으로의 과제를 다음과 같이 적어본다. 첫째, 하이데거의 양심개념에 대한 이해를 가지고 스포츠의 타락에 대한 원인과 처방에 대하여 탐구할 수 있을 것이다. 둘째, 하이데거의 불안개념을 통해서 운동경기에서 나타나는 승리와 강박관념 그리고 불안의 정체를 밝히는 것이다. 셋째, 하이데거의 시간개념에 대한 연구를 통해 운동선수의 시간의식을 이해하는 것이다. 넷째, 하이데거의 기분에 대한 이해를 바탕으로 스포츠에서의 기분과 승패의 감정을 분석하는 것이다. 다섯째, 하이데거의 도구에 대한 고찰을 통해서 스포츠에서의 용기구에 대한 반성적 성찰을 시도하는 것이다. 여섯째, 하이데거의 퇴락개념을 파악하여 자아상실의 스포츠에 대하여 연구하는 것이다. 일곱째, 하이데거의 개념에 대한 이해를 가지고 스포츠에 대한 이해를 시도하는 것이다. 이외에도 현대 스포츠가 직면한 다양한 문제에 대해 해결할 수 있는 실마리를 하이데거의 존재사유에서 찾을 수 있을 것이다.

참고문헌

제1장

강선보(1996). 교육에 있어서 죽음에 관한 문제. 교육진흥. 8(4). 160.

강선보(1997). 죽음에 관한 교육적 논의. 사대논총. 고려대학교 사범대학. 21

박이문(2000). 죽음에 대한 명상. 철학과 현실. 47.

백영미 역(1998). 죽음 너머의 세계는 존재하는가. 서울 황금가지.

송형석(2004). 사회문화적 관점에서 본 스포츠와 건강. 한국체육학회지. 43(1). pp.57~67

오진탁(2004). 죽음, 삶이 존재하는 방식. 서울: 청림.

우정길(1997). 죽음교육에 대한 실존주의적 고찰. 미간행 석사학위논문. 고려대학교 대학원.

이기상 역(2001). 존재와 시간. 하이데거. 서울: 까치.

이호연(1994). 하이데거의 죽음(Tod)에 관한 연구. 철학연구. 고려대학교 철학연구소. 18.

유호종(2001). 떠남 혹은 없어짐 : 죽음의 철학적 의미. 서울: 책 세상.

정동호, 이인석, 김광윤(1986). 죽음의 철학. 서울: 청람.

조주희(1978). Heidegger와 Sartre에 있어서의 죽음의 실존적 해석. 미간행 석사학위논문. 고려대학교 대학원.

카토쿠니히코(1999). 스포츠는 몸에 나쁘다. 서울: 예예원.

Gibson, B. A. & Polly C. R. & Thoma J. B.(1982). Death Education: A Concern for the living. Indiana: Phi Delta Kappa Educational Foundation.

제2장

김영선, 함정혜(2004). 현대 운동문화의 가치비판. 한국체육학회지. 43(1).

김영선(2004). 운동문화의 인간학적 가치회복. 미간행 박사학위논문. 이화여자대학교 대학원.
김성일(1998). 스포츠산업의 경제학. 스포츠, 어떻게 읽을 것인가. 서울: 삼인.
김용정(1998). 정보화 사회에서의 인간상. 기술문명에 대한 철학적 반성. 서울: 철학과 현실사.
권순홍(1999). 현대기술과 구원. 철학논총 16. pp.259~291.
박종규(2004). 하이데거에 있어서 실존과 공존. 철학논총. 제37집. 새한철학회 논문집. pp. 37~55.
박찬국(2005). 현대철학의 거장들. 서울: 철학과 현실사.
박찬국(2002). 하이데거와 윤리학. 서울: 철학과 현실사.
박홍규, 정홍익, 임현진(1992). 스포츠사회학. 서울: 나남.
소광희, 이수정, 박찬국(1999). 하이데거: 그의 생애와 사상. 서울: 서울대학교출판부.
송형석(2005). 근대성, 몸 그리고 스포츠. 대구: 이문출판사.
손환 외역(2000). 스포츠를 생각한다. 서울: 홍경.
이기상 역(1998). 존재와 시간. 서울: 까지.
이기상 , 구연상(1998). 존재와 시간 용어해설. 서울: 까치.
이서규(2003). 현대철학의 이해. 서울: 건국대학교출판부.
이정학(2004). 현대 스포츠의 정체성에 관한 연구. 한국사회체육학회지. 22. pp. 83~93.
이정학(2005). 체육과 스포츠의 철학적 탐구. 서울: 대한미디어.
윤여탁(2004). 신자유주의에 따른 스포츠의 상업성에 관한 비판적 고찰. 한국체육학회지. pp.55~64.
윤찬원(1998). 환경문제의 새로운 출구. 기술문명에 대한 철학적 반성. 서울: 철학과 현실사.
전광석(1999). 고향. 서울: 문학과지성사.
장성수(2005). 본질론을 중심으로 한 체육의 정체성 정립을 위한 제언. 한국체육학회지. 44(6).
최양부(1998). Heidegger에 있어서 윤리, 자연 그리고 기술에 대한 존재론적 해석. 인문과학논총 17. 청주대 인문과학연구소. pp.3~20.
천상병(1984). 천상병은 천상 시인이다. 서울: 오상사.
체육사상연구회(2005). 스포츠反문화. 서울: 무지개사.

피터하(2005). 하이데거 철학에 있어서의 염려와 윤리학의 가능근거. 철학과 현상학연구. pp.165~191.

함정혜, 김영선(2003). 운동의 가치위계에 관한 가치 윤리학적 이해. 한국체육학회지. 42(5).

John H. Gibson(1989). performance vs. Results: A critique of values in contemporary. The ohio state university.

Sage, G. H.(1990). Power and ideology in American Sport. Champaign Illinois: Human Kinetics Book.

Hyland, Drew(1990). Philosophy of sport. New York: Paragon House.

제3장

권욱동(2004). 여가속에서의 여성의 몸. 한국체육학회지, 43(1). pp.33~40.

김동규(1996). 인간교육 실현을 위한 체육교육의 방향탐색. 한국체육학회지, 35(1).

김동규, 구강본(2003). 신자유주의 학교체육의 전개양상과 대응과제. 한국체육학회지, 42(3). pp.33~43.

김동규, 김영갑, 주동진(2004). 몸에 대한 사회철학적 담론. 한국체육철학회지, 43(1). pp.41~50.

김미숙(2003). 통합적인 인간형성에 관한 인지학적 접근. 한국체육학회지, 11(1).

김미자(1983). 인격 형성을 위한 체육의 성립과정. 서울교육대학교논문집, 16. pp.171~179.

김옥태(2000). 체육과 인격 형성: 그 가능성과 한계. 한국체육철학회지, 8(2).

김현덕(1980). 체육과 인격 형성에 관한 소고. 국민대학교논문집, 17(1).

김현덕(1985). 근대영국의 스포츠가 인격 형성에 미친 영향. 국민대 스포츠과학연구논총, 3.

김이수(2005). 한국의 신체문화, 몸닦달로 접근. 미간행 박사학위논문. 세종대학교 대학원.

노양진(2001). 몸의 철학적 담론. 용봉논총, 30(1).

박찬국(2004). 들길의 사상가, 하이데거. 서울: 동녘.

박홍식 역(2001). 체육 · 스포츠철학론 · 무도론. 서울: 대경.

최봉영(2006). 일상적 인격투쟁과 과잉권력욕. 웹진 시대소리. http://sidaesori.co.kr.
최대혁(1988). 스포츠와 인격 형성에 관한 고찰. 성균체육대학회지, 5(1). pp.7~12.
윤여탁(2004). 신자유주의에 따른 스포츠상업성에 관한 비판적 고찰. 한국체육학회지, 43(4). pp.55~64.
임재구(2001). 신자유주의에 따른 스포츠의 상업성. 한국체육철학회 추계학술대회.
임혜옥, 김영선(2005). 도덕교육으로서 스포츠의 과제. 한국체육철학회지, 13(1).
송형석(2003). 왜 몸인가? 한국체육학회지, 42(3). pp.63~70.
이기상 역(1993). 기술과 전향. 서울: 서광사.
이진수(1999). 체육에서의 몸 닦기. 서울대학교 체육연구소논집, 20(1). pp.11~23.
이진수(2000). 몸을 기르는 것은 마음을 기르는 것과 다른가? 제38회 한국체육학회 학술발표회.
이천희(2006). 스포츠에 있어서 인격 형성의 가능성과 한계. 한국체육철학회 춘계학술대회, pp.1~5.
이학준(2003). 몸의 지위. 한국체육철학회지, 11(1). pp.234~137.

제4장

권순홍 역(2005). 사유란 무엇인가. 서울: 길.
박찬국(1995). 인간소외의 극복에 대한 하이데거와 마르크스 사상의 비교고찰. 철학연구 36.
박찬국(2004). 들길의 사상가 하이데거. 서울: 동녘.
이기상(2006). 죽음을 향한 존재: 존재와 시간. 서울: 살림.
이기상 역(1993). 기술과 전회. 서울: 서광사.
이기상, 구연상(1990). 존재와 시간 용어해설. 서울: 까치.
이유택(2006). 하이데거의 기술철학: 몰아세움과 초연함을 중심으로. 철학논총. 42(1).
이학준(2006). 스포츠의 고향 상실과 회복. 한국체육학회지. 45(2). PP.23~31.
소강희(2003). 하이데거 '존재와 시간' 강의. 서울: 문예출판사.
전대호 역(2006). 30분에 읽는 하이데거. 서울: 랜덤하우스.
최명선(2005). 산악등반의 교육적 체험: 하나의 교육적 변주. 해석학과 교육. 서울: 교육과학사.

최성환(2004). 죽음의 해석학: 사태로서의 죽음. 철학탐구 16. 중앙대 중앙철학연구소. pp.35~57.

한국하이데거학회(2001). 하이데거 철학과 동양사상. 서울: 철학과 현실사.

John H. Gibson(1989). performance vs. Results: A critique of values in contemporary. The ohio state university.

Martin Heidegger(1972). Sein und Zeit. Max Niemeyer Verlag, Tubigen. 이기상 역(1998). 존재와 시간. 서울: 까치.

Hyland, Drew(1990). Philosophy of sport. New York: Paragon House. 송형석 · 이학준 공역(2006). 스포츠철학. 서울: 북스힐.

원문출처

1-1장. 2003년. 무위의 스포츠반문화. 한국체육철학회지. 11(1).

1-2장. 2007년. 장자의 허심과 스포츠 자세. 한국체육학회지. 46(3).

1-3장. 2003년. 체육의 공부론: 기의 습득과 도의 체득: 한국체육학회지. 42(4).

1-4장. 2007년. 장자의 지미지락과 스포츠의 지속적 성장. 한국체육학회지. 46(4).

2-1장. 2004년. 운동선수의 죽음을 묻는다. 한국체육학회지. 43(4).

2-2장. 2006년. 스포츠의 고향 상실과 회복. 한국체육학회지. 45(2).

2-3장. 2006년. 인격 형성으로서의 체육공부. 한국체육학회지. 45(5).

2-4장. 2007년. 하이데거의 존재사유와 스포츠의 길. 한국체육학회지, 46(2).

찾아보기

장자와 하이데거,
스포츠를 말하다

지은이 • **이학준**

펴낸이 • **조승식**

펴낸곳 • (주)도서출판 **북스힐**

등록 • 제 22-457호

주소 • 142-877 서울시 강북구 라일락길 36

E-mail • bookswin@unitel.co.kr

www. bookshill.com

전화 • 02-994-0071(代)

팩스 • 02-994-0073

2008년 3월 1일 1판 1쇄 인쇄

2008년 3월 5일 1판 1쇄 발행

값 11,000원

ISBN 978-89-5526-445-6